Mütercim

İsa Canpolat

Tashih

Hasan Karayiğit

Sayfa Düzeni

Takva Yayınları

Kapak Tasarımı

Takva Yayınları

Baskı

Alioğlu Matbaacılık

Haziran 2014

TAKVA YAYINLARI

Adres ve Telefon

Adres: Soğan ağa camii sk. Büyük tulumba çıkmazı
Beyem Han No:1/25 Beyazıt / İST
Tel: (0 212) 638 69 19 Fax: (0212) 516 42 44

www.karincakitap.net

Kulun Allah'a Yakınlaşması

Yazarı:

İbn Teymiyye

İÇİNDEKİLER

MÜELLİFİN YAŞADIĞI ÇAĞ / 7

MÜELLİFİN HAYATI VE İLMİ ŞAHSİYETİ / 17

YAKLAŞMANIN ÇEŞİTLİ YORUMLARI ÜZERİNE: / 37

MÜELLİFİN YAŞADIĞI ÇAĞ

Siyasi Durum

Şeyhulislâm İbn Teymiyye hicri 661-728 yılları arasında yaşadı ki, bu dönem siyasal, askeri, iktisadi çalkantıların hâkim olduğu bir dönemdir. Bu dönem ayrıca İslâm âleminin Haçlı saldırılarına mâruz kalıp, yıkım ve çözülmeye sürüklendiği bir dönemdir.

Yine İslâm âleminin tarihinin en acı dönemlerinden biri olan Tatar işgali de aynı dönemlerde yaşanmıştır.

İbni Esir bu işgalci Tatar'ın dinlerini şöyle anlatıyor:

"Bunların dinleri, her doğuşunda güneşe secde etmektir. Haram diye bir şey tanımazlar. Domuz ve köpek dâhil her türlü hayvanı yerler. Nikâh diye bir şeyleri yoktur. Birçok adam, tek bir kadını kullanabilmektedir."[1]

İbn Esir Haçlı ve Tatar saldırıları nedeniyle İslâm âleminin içine düştüğü perişanlığı şöyle anlatıyor:

"İslâm ve Müslümanlar bu dönemde öyle belalara uğradılar ki, tarihte hiç bir toplum böylesi bir bela yığını ile karşılaşmamıştır. Doğu'dan gelen Tatar'lar -Allah belalarını versin- Müslümanlara öyle büyük zulümler ettiler ki, anlatmak bile mümkün değil.

---

1 el-Kâmil fi't Tarih, 9/330

Ve Batı'dan gelip Şam ve Mısıra saldıran Frenk'ler -Allah onlara lânet etsin -Allah'ın lütfu ve keremi olmasaydı, neredeyse tüm buraları ele geçirmek üzereydiler."[2]

İbn Teymiyye zamanında Haçlı saldırıları, Tatar saldırıları kadar yoğun olmamakla beraber, yine de etkilerini sürdürmekteydi. 610 yılında, Dimyat'ı ele geçiren Haçlılar, buradaki erkekleri öldürüp, kadın ve çocukları köleleştirdiler. Fakat Müslümanları asıl korkutan Tatar savaşları idi ki, bu savaşlara İbn Teymiyye de bizzat iştirak etmiştir.[3]

Müslümanlar Akke ve Haçlıların elinde bulunan diğer kıyıları fetheden değerli hükümdar Halil b. Mansur[4] eliyle, 609 yılında Haçlıları topraklarından atmayı başardılar.[5]

Tatarlar İslâm topraklarına ilk kez meşhur liderleri Cengiz Han[6] döneminde Orta Asya'dan gelip, Haçlılar'ın Dimyat'ı işgal tarihi olan 610 yılında Ceyhun nehrini geçerek saldırmışlardır.[7]

İbn Esir Tatarların İslâm âlemine yönelik o vahşi ve yıkıcı saldırıları, şöyle tasvir etmiştir.

"Tatarların tarihte benzerini görülmemiş vahşi saldırılarını, iğrençliğinden dolayı kaç yıldır yazmak istediğim halde yazamıyorum. Bu konuda bir ileri, bir geri adım atıyorum. İslâm ve Müslümanların ölüm ağıtlarını yazmak kolay mı? Bunları anlatmak kolay mı? Ne olaydı anam beni doğurmasaydı! Ne olaydı bu vahşetten önce ölseydim de, unutulup gitseydim!...

2 el- Kâmil fi't Tarih, 9/330
3 el-Bidaye ve'n-Nihaye (İbn Kesir) 13/91.
4 Hakkında bilgi için Tarih İbn Verdi 3/430 ve el-Bidaye ve'n-Nihaye 13/354
5 el-Bidaye ve'n-Nihaye 13/338.
6 Barbarlığı ile meşhur Tatar hükümdarı. Ülkeleri yıktı, yağmaladı, halkı köleleştirdi. 624'de öldü. Hakkında bilgi için Siyerül-A'lam (Zehebi) 22/243-244. s.'e bakınız.
7 Bidaye ve'n-Nihaye 13/90.

Fakat arkadaşlarım ve dostlarım beni bu olayları yazmak konusunda sürekli teşvik ettiler. Sonra ben de bu olayların unutulmaması gerektiğini düşünerek yazmaya karar verdim.

Bu, tüm Müslümanları kuşatan öyle büyük bir felakettir ki, birisi Allah (c.c) Âdem'i yarattığı günden bu yana, yeryüzü böylesine büyük bir bela görmemiştir derse, doğru söylemiştir. Tarih bu büyük musibetin bir benzerine daha şahit olmamıştır.

Tarihin şimdiye kadar kaydettiği en büyük olay, Buhtunassar'ın Beytül-Makdis'i yıkıp, İsrailoğullarını toplu katliam ve sürgüne tâbi tutması hâdisesidir. Fakat bu Tatar melunları bir değil binlerce Beytül-Makdis büyüklüğünde kentler ve milyonlarca Müslüman'ı katlettiler.

Bunların sadece tek bir kentte katlettikleri Müslüman'ın sayısı bile, Buhtunassar'ın katlettiği toplam Yahudi'den daha çoktur.

Sanırım yeryüzü, Yecüc ve Mecüc hâdisesi dışında kıyamet kopuncaya kadar böylesi bir fitne daha görmeyecektir. Deccal fitnesi bile bu vahşet yanında hiç kalır. Çünkü Deccal, kendisine uyanları serbest bırakacak, uymayanları öldürecektir. Tatar vahşileri ise, önüne çıkan herkesi, kadın, çoluk çocuk demeden öldürdüler. Hamile kadınların karınlarını yardılar ve ceninlerini öldürdüler. (Biz Allah içiniz ve yine O'na döneceğiz.)

Güç ve kuvvet ancak yüce Allah'ındır. Bu öylesine büyük bir beladır ki tüm İslâm âlemini karabulutlar gibi kaplayarak şer yağdırdı.

Çin yöresinden çıkan bu kavim önce Kaşgar ve Balasağun gibi Türkistan şehirlerine, oradan da, Maveraünnehir'deki Semerkant ve Buhara gibi İslâm şehirlerine saldırdı. Tüm buraları işgal ederek yakıp yıktılar ve halkı katliamdan geçirdiler. Sonra daha da ilerleyerek Horasan, Rey, Hemedan ve Irak'ın bir kısmını işgal ettiler. Sonra Azerbaycan ve Ermenistan tarafına yönelerek olanları da tahrip edip, halkı vahşi bir şekilde katliamdan geçirdiler. Tüm bu işgalleri bir seneden az bir süre içinde gerçekleştirdiler ki, tarihte bunun bir benzerine daha rastlanmamıştır.

Azerbaycan ve Ermenistan işgalinden sonra Derbend Şirvan'a yönelerek orayı yakıp yıktılar. Sonra işgal dairelerini daha da genişleterek çoğunlukla Türklerin yaşadıkları tüm bölgeleri işgal edip, kendilerine direnen herkesi kılıçtan geçirdiler. İnsanlar ancak dağ başlarına kaçıp saklanarak canlarını kurtarabiliyorlardı.

Tüm bunları son derece hızlı bir şekilde yapıyorlardı.

Sonra bunların dışında başka bir grubu Hind ve Sicistan'a kaldırarak, aynı vahşeti buralarda da işlediler.

Dünya böylesine hızlı bir işgal hareketine daha hiç şahit olmamıştı. Tüm tarihçilerin ittifakıyla, Dünya hükümdarı olan İskender bile bu bölgelere ancak onlarca yıl süren seferler sonucu hâkim olabilmiştir.

Bu vahşi kavim, dışarıdan gelecek destek ve yardıma ihtiyaç duymayacak tarzda organize olmuşlardı. Koyun, sığır, at ve diğer hayvanlarını da yanlarında gezdiriyor ve sadece bunların etleriyle besleniyorlardı. Bindikleri atları ise, arpayla değil, ayaklarıyla eşeledikleri yerden çıkan bitki köklerini yiyorlardı.[8]

Tatar tehlikesi İslâm coğrafyasını öyle kuşattı ki, sonunda hilafet merkezi olan görkemli Bağdat şehrini ele geçirerek halife Mu'tasım'ı[9] öldürdüler ve kenti tahrip ettiler.

İbn Kesir, Tatarların işgalinden sonra bu kentin başına gelenleri şöyle tasvir ediyor:

---

8 el- Kâmil fi't-Tarih, 9/329-330
9 Abdullah b. el-Müstansır Billâh. Irak'taki son Abbasi halifesi.

"...İşgal gerçekleşip, aradan kırk gün geçtikten sonra, Bağdat, tek bir insanın dahi yaşamadığı harap bir şehre dönüştü. Yollar ve evler insan ölüleriyle doluydu. Yağan yağmur bu cesetlerin çürümesine neden oldu. Cesetlerden yayılan koku yüzünden hava değişti, ülkede veba başlayarak, birçok insanın hava değişimi ve veba yüzünden ölmesine neden oldu. Pahalılık, salgın hastalıklar, korku insanları kırıp geçirdi. "İnna lillahi ve inna ileyhi raciun." (Biz Allah içiniz ve yine O'na döneceğiz)[10]

İbn Teymiyye'nin de ailesi Tatar saldırıları yüzünden Harran'dan[11] Dımeşk'e hicret etmek zorunda kalmıştı.

Şeyhulislâm, mescitlerde yaptığı konuşmalar ile insanları cihada teşvik etmiş ve kendisi de bizzat bu savaşlara iştirak etmiştir.

Tatarlar Dımeşk'ı de kuşatınca İbn Teymiyye maiyetinde bulunan kadı ve fakihlerden bir heyet ile beraber Tatar komutanı Gazan'ın huzuruna çıkarak, onu Dımeşk'e saldırmaması için sert bir üslupla uyardı. Öyle ki yanında bulunan herkes onun öldürüleceğine kanaat getirdi.[12]

Hicri 700 yılında Şam valisi ondan Mısır'a giderek sultan Nasır'ı[13] Tatarlara karşı bir ordu hazırlamaya teşvik etmesini istedi. İbni Teymiyye Mısır'a giderek sultan ile görüştü ve onu Tatarlara karşı ordu göndermeye ikna etti.[14]

İbni Teymiyye tatarlarla yapılan bu savaşların bazılarına bizzat iştirak ederek, Allah düşmanlarıyla savaştı.

---

10 el- Bidaye ve'n-Nihaye 13/216

11 Harran, Türkiye'nin Güneydoğusunda bulunan eski bir yerleşim alanı. Urfa kentine bağlı bir ilçe... Tatar yıkımından sonra tekrar eski mâmur hale getirilmiştir.

12 el-Bidaye ve'n-Nihaye, 14/8

13 Sultan Nasır Muhammed Kalavan b. Abdullah es-Salihi 745'de vefat etti. el-Bidaye ve'n-Nihaye, 14/202, Şezeratuz-Zeheb, 6/134.

14 el- Bidaye ve'n-Nihaye, 14/17.

Müslümanları cihada teşvik ediyor ve onları zafer ile müjdeliyordu.[15] Şeyhulislâm'ın bizzat katıldığı savaşlardan biri de Şakkab savaşıdır.[16]

İşte bu şekilde o dönemde Müslümanların siyasal yaşamları büyük çalkantılar ve musibetler ile doluydu. Ki, bunun sebebi, Müslümanların İslâm dininin öğretilerinden uzaklaşarak aralarında fırkalara bölünmeleridir.

Sosyal Durum:

İbn Teymiyye'nin yaşadığı dönemde sosyal durum da tıpkı siyasal durum gibi istikrarsızlık içinde yüzmekteydi. İslâm Âlemi'ne yönelik Haçlı ve Tatar saldırıları, asayişin bozulmasına ve insanların korku ve tedirginlik hissetmelerine neden olmuştur... Buna bir de Müslüman lider ve yöneticilerinin birbirleriyle olan mücadelesi eklenince, durum hepten kötüleşmiştir.

Siyasi durum nedeniyle, İslâm Âlemi'nin değişik coğrafyalarında yaşayan insanlar birbirleriyle karışma durumunda kalmışlardır. Ve hiç şüphesiz bu değişik âdet ve fikirleri olan bu toplulukların birbirleriyle karışmaları ve toplanmaları da bazı karışıklıklara neden olmuştur.

Siyasi bunalımlar iktisadi hayatı da olumsuz yönde etkilemiştir. Ziraat ve sanat erbabı, temel ihtiyaç maddelerini ihtikâr altına alıp, depolayarak, fiyatların normalin kat kat üstüne çıkmasını sağlamışlardır. Ayrıca 701 yılında Şam'ı işgal eden büyük bir çekirge sürüsü, görülmemiş biçimde tüm tarım ürünlerini tahrip etmiştir.[17]

İnsanlar ahlaken bozulmuşlar, hile, ihtikâr ve hırsızlık yaygınlaşmıştır. Bu durum, Şeyhulislâm İbn Teymiyye'nin "el-

---

15 el-E'lamu'l-Uliyye (Bezzar) s. 67
16 el- Bidaye ve'n-Nihaye, 14/24-28.
17 el-Bidaye ve'n-Nihaye, 14/20.

Hisbe Fi'l-İslâm" isimli eserini yazmasına neden olmuştur. Ki o bu kitabında yöneticileri genel düzenin sağlanması, hırsızlık, yolsuzluk ve ihtikârın önlenmesi için teşvik etmiştir.

Ayrıca muhtelif mezheplere mensup insanlar arasında sürekli bir cedel ve mücadele hali yaşanmakta ve bu durum birçok fitnelere sebep olmaktaydı.

Özetle, o dönemde Müslümanların toplumsal hayatları gayet bozuktu ve acil ıslahatlar yapılması gerekiyordu.

İbn Teymiyye toplumun yaşadığı bu kötü durumu düzeltmek için büyük bir gayret gösterdi. Bunun için kitap, sünnet ve ümmetin selefinin öngördüğü metodu takip etti.

İlmî Durum

İbn Teymiyye dönemi siyasi ve sosyal olumsuzluklara rağmen büyük bir ilmi gelişme hareketine şahit olmuştur. Hicri 7. yüzyılın sonları ile hicri 8. yüzyılın başlangıcı arasında birçok büyük âlim yetişmiş ve bu âlimlerin muhtelif alanlarda te'lif ettikleri eserler daha sonra gelenler için kaynak teşkil etmiştir.

Ebu'l-Haccac el-Mezi,[18] Muhyiddin en-Nevevi,[19] İbn Dakik el-İyd[20] ve daha birçok büyük âlim bu dönemde yetişmiştir.

---

18 Yusuf b. Abdurrahman b. Yusuf Ebu'l-Haccac el-Mezi Muhaddislerin şeyhi. Büyük hadis hafızı zamanın da imamı. "Tehzibul-Kemal fi Esmai'r-Rical", "Tuhfetu'l Eşraf Bi'marifeti'l Atraf" gibi değerli eserleri vardır. Hicri 742 yılında vefat etti. bkz. el- Bidaye ve'n-Nihaye 14/203 Mucemu'ş Şuyuh (Zehebi) 2/384-390, Şezeratu'z-Zeheb 6/137.

19 Yahya b. Şeref en-Nevevi. Zamanının büyük muhaddis ve fakihi. "et-Tibyan fi Adabi Cümleti'l Kur'an ve "Şerhi Sahih-i Müslim" gibi eserleri vardır. 676 yılında vefat etti. Bkz. el-Bidaye ve'n-Nihaye, 13/294. Şezeratu'z-Zeheb, 5/354.

20 Muhammed b. Ali b. Veheb Takiyüddin b. Dakik el-İyd. Başta hadis ilmi olmak üzere birçok ilim dalında imam. "el-İmam fil-Hadis", ve "Şerhu Umdetu'l-Ahkâm li Hafız Abdulğani" gibi eserleri vardır. 703 yılı Safer ayında vefat etti. Bkz. Mucemu'l-Muhtas bi'l Muhaddisin (zehebi) s. 250-251, Şezeratu'z-Zeheb, 6/5

Tüm bu değerli âlimlere rağmen ilmi hareket donukluk ve taklitten kurtulamamıştır. Âlimler sadece varid olan ile yetinme durumunda kalmışlardır.

Akide alanında: Akide alanında en yaygın mezhep Eş'arilik'ti. Sultan Salahaddin el-Eyyubi'nin[21] Eş'ari olması ve bu mezhebin intişarı için çalışması nedeniyle bu mezhep geniş kitleler tarafından benimsenmiştir. Salahaddin'den sonra gelen diğer Eyyubi sultanları da aynı mezhebe bağlılıklarını sürdürdüler.

Makrizi bu konuda Hutat'ında şöyle diyor:

"Salahaddin daha çocukluğunda, Kutbuddin Ebu'l-Meali Mes'ud b. Muhammed en-Nisaburi'nin[22] te'lif ettiği kitabını okuyarak ezberledi ve kendi çocuklarına da ezberletti. Bu nedenle tüm Eyyubi Sultanları Eş'ari'liği benimsedikleri gibi halkı da bu mezhebi benimsemeye zorladılar. Eyyubilerden sonra onların yerine geçen Türkler de aynı yolu izlediler.

Daha sonra Mağrib ileri gelenlerinden Ebu Abdullah Muhammed b. Tumurt[23] Irak'a giderek, Ebu Hamid el Gazali'den Eş'ari mezhebini aldı ve Mağrib'e geri dönerek bu mezhebin intişarı için çalıştı. Ondan sonra yerine geçen ve "Emirülmü'minin" lakabını kullanan Abdulmü'min b. Ali el-Kaysi[24] Tüm Mağrib emirliklerini kendi egemenliği altına alarak "el-Muvahhidun" devletini kurdu.

Muvahhidun devleti hâkimiyeti ele geçirdikten sonra imamı mâlum mu'dil mâsum olduğu gerekçesiyle İbn Tumurt'un

21 Ebu'l-Muzaffer Yusuf b. Eyyub b. Şazi, Salahaddin el-Eyyubi el-Kürdi. 589 yılında vefat etti. Bkz. Vefeyatul-A'yan, 7/139-218, Şezeratu'z-Zeheb, 4/298.
22 Haltercümesi için bkz. Vefeyatu'l A'yan, 5/196.
23 Muhammed b. Abdillah b. Tumurt el-Masmudi el-Berberi, 524'de öldü. Bkz. Şezeratu'z-Zeheb, 4/70-72.
24 Abdulmümin b. Ali et-Tilmisani Mağrib ve Endülüs hükümdarı 558'de vefat etti. Bkz. Şezeratu'z-Zehebi, 4/183.

mezhebine muhalefet eden herkesi tekfir edip, mal ve canlarını helâl kabul ettiler... Eş'ari mezhebinin İslâm Âleminde böylesine yaygınlık kazanması bu nedenledir. Siyasi baskılar yüzünden diğer mezhepler terkedilmiş veya unutturulmuştur. Fakat Abdullah Ahmed b. Muhammed b. Hanbel -radıyallâhu anh-'e tâbi olan Hanbelîler hariç. Hanbelîler sıfatları tevil etmeyen selef mezhebine olan bağlılıklarını sürdürdüler."[25]

Ayrıca Eş'ari ve selef mezhebinin yanı sıra, Rafızîlik, vahdet-i vücut itikadını savunan tasavvuf gibi bâtıl fırkalar da varlıklarını sürdürmüşlerdir.

Fıkıh alanında: Mezhep taklitçiliği hâkimdi ve bunun dışına çıkmak veya Hanefi, Maliki, Şafi ve Hanbelî mezheplerinden birine aykırı içtihat yapmak çok zordu.

Şafiî mezhebine mensup olan genel kadı'nın bu mezhebe muhalif hüküm beyan etmesinden çekinmesi nedeniyle 663 yılında hükümdar Baybars[26] dört genel kadı tayin ederek her kadı'nın kendi mezhebine göre fetva vermesini emretti.

Bu dört mezhepten her birinin, kendi mezhebini, okutan, gereklerine göre fetva veren ve mezhebi doğrultusunda kitap yazan âlimleri mevcut idi.

İbn Haldun şöyle diyor: "İslâm âlemi, bu dört imamı taklit noktasında durdu. Terimlerin çoğalması, içtihat rütbesine ulaşmanın zorluğu, ilmi ve dinî bakımdan yetersiz kişilerin müctehidlik iddiasından korkutulması nedenleriyle içtihat kapısını kapatmaya, dört mezhebin taklidi ile yetinmeye başladılar. Bugün fıkıh sadece bu dört mezhebin şerhlerinin yapılmasından ibarettir.

---

25 Hutat el-Makrizi 3/358-359
26 Hükümdar ez-Zahir Rüknüddin Baybars el-Bunduk Dari, Mısır ve Şam hükümdarı. 676'da öldü. Bkz. el-Bidaye ve'n-Nihaye, 13/289 Şezeratu'z-Zeheb, 5/349-350.

Bu durumda içtihat iddiasında bulunanlar tepki ve red ile karşılaşmaktadırlar.[27]

Kur'an Eğitimi Alanında

İbn Teymiyye döneminde, bu alanda birçok büyük âlim yetişmiş ve değerli eserler yazmışlardır. Bunlardan bazıları şunlardır: Ebu Abdullah el- Kurtubi,[28] Ebu Hayyan,[29] Semin el-Halebî,[30] İbn Kesir[31]...

İşte İbn Teymiyye böylesi bir ilmi ortamda yetişti ki, bu ortam onun ilmi hayatını büyük ölçüde etkilemiştir. Bunu yazdığı eserlerde görmek mümkündür.

* * *

27 Mukaddime s. 496.
28 Muhammed b. Ahmed b. Ebi Bekir el-Ensari el-Hazreci el-Maliki Ebu Abdullah el- Kurtubi. "el Camiul-Ahkamul-Kuran" isimli meşhur tefsirin müellifi. Başka eserleri de mevcuttur. 671'de vefat etti. bkz. Tabakatu'l-Müfessirin (Suyuti) s. 79
29 Muhammed b. Yusuf b. Ali b. Hayyan el- Endülüsi el-Gırnati. Nahiv, lügat, tefsir ve edebiyat imamı... 654'de doğdu. Tefsir'de "Bahrul-Muhit"i yazdı. Başka eserleri de mevcuttur. bkz. Tabakatu'l-Kurra 2/285-286.
30 Ahmed b. Yusuf b. Muhammed el- Halebi. "Semin" diye bilinir. Kıraat ve Nahiv âlimi **"Tefsiru'l-Kur'an,"** "Ahkâmu'l-Kur'an" gibi eserleri vardır. 756'da vefat etti. **Tabakatu'l-Kurra** (İbn Cezeri) 1/152
31 İsmail b. Ömer b. Kesir İbn Teymiyye'nin öğrencilerinden biri. Haltercümesi ileride gelecektir

MÜELLİFİN HAYATI VE İLMİ ŞAHSİYETİ

Nesebi ve Doğumu[32]

Şeyhulislâm, Takiyuddin, Ebu'l-Abbas, Ahmed b. Abdullah Halim. Abdusselam b. Abdullah b. Ebi'l kasım b. el- Hıdr

---

32 Biz İbn Teymiyye'nin sadece kısa bir öz geçmişini aktaracağız. Yoksa Şeyhulislâm'ın hayatı hakkında yeni ve eski birçok müstakil eser yazılmıştır. Onun hakkında daha fazla bilgi için şu eserlere bakılabilir.
el- Ukud ed- Dürriye fi Menakib Şeyhu'l-İslâm İbn Teymiyye (İbn Abdulhadi)
el- A'lamu'l-ılıyye (Ömer el-Bezzar)
el- Kevakibu'd Düriyye (Meri b. Yusuf el- Kermi)
eş- Şehadetü'z-Zekiyye fi Senail Eimme ala İbn Teymiyye (Meri elKermi)
er- Reddül-Vafir, (İbn Nasri'din ed- Dımeşki)
Bais en-Nahda , (Prof. Muhammed Halil Haras)
İbn Teymiyye ve Cevdetuhu fit-Tefsir, (İbrahim Halil Bereke)
İbn Teymiyye Hayatuhu ve Asruhu (Muhammed Ebu Zehrel)
Batalul-Islah (Mahmud Mehdi el-İstanbuli)
Şeyhul_İslam. (Sadık Muhammed)
Takiyuddin Ahmed b. İbn Teymiyye. (Kâmil Muhammed Üveyde)
Şeyhul-İslâm ... (Abdurrahman Abdulhalık)
İbn Teymiyye... (Selim el- Hilali)
Hayatu İbn Teymiyye... (Muhammed Behçet el- Baytar)
Evrak Mecmua... (Nasıf Muhammed eş-Şeybenil)
el- Bidaye ve'n-Nihaye (İbn Kesir 14/41-145)
ez-Zeyl (İbn Receb) 2/387-408
ed- Dürer el-Karnine (İbn Hacer) 1/154-170
Tabakat (Davudi) 1/46-50.
Tezkiretül-Huffaz.(Zehebi) 4/496-İ492.
el- Mucem (zehebi) 54.23-27.

b. Muhammed b. Teymiyye el- Harrani, sonra ed-Dımeşki[33] Büyük dedesi "Teymiyye" lakabını almıştır. Çünkü denildiğine göre, hacca giderken çölde bir kız çocuğu görüyor. Dönüşte hanımının bir kız çocuk doğurduğunu görünce "Ya Teymiyye, Ya Teymiyye" diye seslendiğinden bu lakap ile anılmaya başlıyor.

Bu hikâyeden Şeyhulislâm'ın "İbn Teymiyye" ile dedesine nisbet edildiği anlaşılmaktadır. Bir diğer rivayete göre ise dedesi Muhammed'in vaiz olan annesinin adı" Teymiyye" idi. Şeyhulislâm ona nisbet edilerek lakap ile tanınmıştır.[34]

10 veya 12 Rebiulevvel ayı 661'de Harran'da doğdu.

Yetişmesi ve İlim Talebi

İbn Teymiyye yedi yaşına kadar ana-babasıyla beraber Harran'da yaşadı. Tatar'ların Harran'a saldırmaları üzerine ailesiyle beraber Dımeşk'e göç ettiler.[35]

İbn Teymiyye'nin babası Abdulhalim ve dedesi Abdusselâm birer ilim ehli idiler. Harran'dan göç ederken kitaplarını da beraberlerinde almış olmaları bu ailenin ilim ile irtibatlarını gösterir. Babası özellikle feraiz, matematik, vaaz ve irşad alanında söz sahibi büyük bir âlimdir.[36]

Dedesi Abdüsselam ise fıkıh, hadis, tefsir ve usul ilimlerinde imam idi.[37] İbn Teymiyye'nin ailesine babası ve dedesi dışında da büyük **âlimler** vardı ki, bunlardan birisi de özellikle fıkıh, feraiz ve Arapça'da tebarüz eden kardeşi Şerefüddin Abdullah'tır.[38] Dolayısıyla, İbn Teymiyye ilim tahsiline çok küçük yaşta başladı.

---

33 Bkz. el -Ukud ed- Dürriye fi Menakib Şeyhul-İslam İbn Teymiyye, s. 3.
34 el-Ukud ed-Dürriye, 54.4
35 Bkz. Fevatu'l-Vefiyat 1/26.
36 Hakkında bilgi için, **Şezeratu'z**-Zeheb, 5/376.
37 Bkz. Marifetul-Kurra (Zehebi) 653-655
38 Hakkında bilgi için. Şezeratuz-Zeheb 6/76-77

İbn Abdülhadi bu konuda şöyle demektedir: "Önce okulda okuma ve yazmayı öğrendi. Kur'anı ezberledi. Hadis ve fıkıh okudu. Abdulkavi'den Arapça dersleri aldı. Sibeveyh'in kitabını okuyarak Nahvi anladı. Tefsir'e yönelerek bu alanda büyük bir ilim elde etti. Usul-ü Fıkıh ve diğer ilimleri de okudu. Tüm bu ilimleri daha on küsur yaşında iken elde etti. Dımeşkliler onun zekâ ve kavrayış kudretine hayran idiler."[39]

Yine İbn Abdülhadi şöyle dedi: "Takiyüddin tam bir iffet, edep, ibadet, yeme ve giyimde ölçülü olma hali üzerine yetişti. Daha çocuk yaşta ilim meclislerine katılarak, büyük **âlimler**le ilmi tartışmalara iştirak etti. Bu tartışmalarda büyük **âlimler** dahi ona olan hayranlıklarını gizleyemiyorlardı. Daha 19 yaşında iken fetva vermeye başladı.

Bu yaşta iken te'lif ile uğraştı. Hanbelî âlimlerinden büyüklerinden olan babasının vefatından sonra 21 yaşında iken onun yerine ders vermeye başladı. Bundan sonra da şöhreti tüm dünyaya yayıldı.[40]

Hadis dinlemesine gelince; muhtelif **âlimler**den, muhtelif sahih kitapları dinlemiştir. Bezzar şöyle dedi: Birçok şeyhten, Müsned-i Ahmed, Sahih-i Buhari, Müslim, Cami-i Tirmizi, Sünen-i Ebu Davud, Nesai, İbn Mace, Darekutni (rahmetullahi aleyhim) gibi muteber hadis kaynaklarını defalarca dinlemiştir. İlk ezberlediği hadis kitabı ise, İmam el-Hamidi'nin "el-Cem'u Beyne's-Sahiheyn"dir. Muhtelif ilim dallarında okumadığı kitap yok gibidir. Allah ona olağanüstü bir ezber gücü vermiştir. Duyduğu veya okuduğu her şey, lafzı veya mânasıyla mutlaka hatırında kalırdı."[41]

İbn Teymiyye, sofilerin çıkardıkları bid'at ve hurafelere karşı çıkması, selef-i salihin yoluna aykırı davranan fırkalarla

---

39 Bkz. el- Ukud ed-Dürriye s 4-5.
40 el- A'lam, s. 18
41 Bkz. Mecmuu Fetva Şeyhu'l-İslâm 5/5-121.

mücadele etmesi ve bazı konularda cumhurun görüşüne muhalefet etmesi nedeniyle hayatı boyunca birçok çile ve eziyete mâruz kalmıştır.

Birçok kere eziyet görmüş ve hapse atılmıştır. Bu olaylardan bir tanesi şöyle gelişmiştir. 698 yılında Hama'lıların Allah'ın sıfatları konusunda sordukları soruya, İbni Teymiyye yazdığı Hama Risalesi ile cevap verdi ve cevabında kelâmcıların mezheplerini yererek, selefin mezhebini övdü ve kendisinin de o görüşte olduğunu beyan etti. Bunu duyan **kelâmcı** fakihler, ona karşı harekete geçerek aleyhine oyunlar çevirdiler. İbn Kesir bu konuda şöyle diyor:

"Muhalifleri onu kadı Celalüddin el-Hanefi'nin meclisine getirmek istediler. Fakat o, oraya gitmekten imtina etti. Hama Risalesi'ni okuyan Emir Seyfuddin Çağan[42] onu destekleyince, aleyhine feveran eden **âlimler** sükût etmek zorunda kaldılar.

Cuma günü olunca şeyh Takiyüddin (İbn Teymiyye) her zamanki gibi Camiye giderek Cenab-ı Hakkın *"Ve sen elbette yüce bir ahlaka sahipsin"* (Kalem: 68/4) **âyetini** tefsir ettikten sonra, Cumartesi günü kadı İmamuddin[43] ile bir toplantıya katıldı. Büyük âlimlerin iştirak ettikleri bu toplantıda Hama Risalesi tartışıldı ve İbn Teymiyye onlara verdiği cevaplar ile hepsini susturdu.[44]

İbn Teymiyye'nin karşılaştığı bir diğer olay 705 yılında cereyan eden şu hâdisedir.[45]

Mısır'dan onun valiliğe getirilip akidesini sorgulanması için emir geldi. Âlimler meclisi sorgulamak üzere valilikte bir araya geldiler ve onu da çağırdılar. İbn Teymiyye:

---

42 Dımeşk valisi
43 Şafii Kadısı
44 el- Bidaye ve'n-Nihaye, 14/4-5
45 Bkz. el- Bidaye ve'n-Nihaye 14-54.

"Bana daha önce Ehl-i Sünnet inancı soruldu ve ben bunu yıllar önce yazdığım bir risalede açıkladım"[46] dedi ve bu risaleyi evinden getirerek **âlimler** meclisinde okudu. Âlimler risaledeki birkaç husus üzerinde konuşmak istediler ve bu hususları tartışmak üzere iki ayrı toplantı daha yaptılar. Sonra tüm bu toplantılar sonunda, İbn Teymiyye'nin savunduğu bu itikadın, selefin güzel itikadı olduğu üzerinde ittifak ettiler. Bu ittifaka bazı kişiler kerhen katıldılar.[47]

Şeyhulislâm'ın başına gelen bir diğer musibet de şöyle gelişmiştir: O'nun şöhretini duyan mısırlılar, saltanat koltuğunda zorla oturan Raknuddin el- Caşinkir'den[48] Şeyh'in Mısır'a çağırıp sorgulanmasını istediler.

Sultan bu isteği uygulayarak Şeyhulislâm'dan Mısır'a gelmesini istedi.

Şeyhulislâm, Mısır'a girişinin ikinci günü Mısır Kalesi'nde önde gelen âlim ve kadılarla bir araya geldi. Bunlardan İbn Adlan, ona karşı husumet besliyordu. Ve Maliki kadısı İbn Mahluf'a İbn Teymiyye'nin; "Allah Kur'anda harf ve ses ile konuştu, Allah zatı ile arştadır ve Allah'a hissi işaret ile işaret edilir" dediğini söyleyerek cezalandırılmasını talep etti.

Kadı, İbn Teymiyye'ye dönerek, "Ne diyorsun ey fakih?" diye sordu. İbn Teymiyye Allah'a hamd ve sena edince, bazıları, "Çabuk ol, biz seni buraya hutbe veresin diye çağırmadık" dediler. İbn Teymiyye,

"Allah'a hamd ve sena etmek yasak mı yani?" diyerek tepki gösterdi. Kadı:

---

46 Şeyhulislâm bu risaleden "Akidetu'l-Vasıtıyye"yi kastediyor.
47 Bkz. el-Ukud ed-Düriyye, s. 137-138, ez-Zeyl ala't Tabakat el-Hanabile 3/396.
48 Muzaffer Ruknüddin Baybars el-Caşinkir. Sultan nafiz Muhammed b. Kalavin'in tahtan inmesi üzerine, onun yerine tahta oturmuştur. Sultan Nasır'ın inmesi üzerine, onun yerine tahta oturmuştur. Sultan Nasır geri dönünce kaçmak zorunda kaldı ve 709 yılında öldü.

"Allah'a hamd ettin. Şimdi konuş bakalım" dedi. İbn Teymiyye konuşmaktan vazgeçerek sustu. Kadı'nın ısrarla, konuşmasını istemesi üzerine, "Benim hakkımda hükmü kim verecek?" diye sordu. Ona kadı İbn Mahluf'u gösterdiler. O, şöyle dedi:

"Sen benim hasmımsın. Hakkımda nasıl hüküm vereceksin?"

Bunu duyan kadı öfkelendi ve meclisi kapattı. Bunun üzerine İbn Teymiyye ve iki kardeşi[49] 1.5 yıl boyunca cebel kalesine hapsedildiler.

Hapisten çıktıktan sonra Mısır'da ikamet ederek, burada ders vermeye başladı.[50]

İnsanlar ilminden istifade etmek için onun derslerine koşuyorlardı. Bu durum sofileri rahatsız etti ve onu kendilerinden olan Sultan'a şikâyet ettiler. 1.10.707 Salı günü bir meclis toplanarak, İbn Teymiyye'nin görüşleri tartışıldı. Bu meclisle ilgili olarak İbn Abdülhadi şöyle diyor: Şeyhulislâm'ın ilmi, cesareti, doğruluğu, tevekkülü ve delillerinin açıklığı bu mecliste en güzel şekilde belirmiştir.

Bu toplantı sonuçları ve etkileri itibariyle çok büyük olmuştur.[51]

Hakkında şikâyetler çoğalınca yönetim onu Şam'a sürgün etti. Şeyhulislâm, Şevval'in 12. gecesi Şam'a doğru yola çıktı. Ertesi gün geri getirilerek hapse atıldı.

---

49 Şerefüddin Abdullah b. Abdulhalim b. Abdusselam b. Teymiyye. Ve Zeynüddin Abdurrahman b. Abdulhalim b. Abdusselam b. Teymiyye. Abdullah'ı daha önce tanımıştık.

Abdurrahman'a gelince; diğer kardeşleri gibi o da faziletli bir âlim idi. Ömrü boyunca kardeşi Takıyuddin'e hizmet etmiş ve sevgisinden dolayı yanından hiç ayrılmamıştır. Hapishaneye girdiğinde dahi ondan ayrılmamıştır. 747 yılında vefat etti. Bkz, Mucemu'ş-Şuyuh el- Kebir (Zehebi) 1/361-362

50 el- Ukud ed-Dürriye 54-184, Bidaye ve'n-Nihaye 14/55-56.

51 el- ukud ed-Dürriye, 54-177.

Hapishane'de mahpusların ıslahı için büyük gayret gösterdi. 1.5 yıl sonra buradan çıkarılıp, İskenderiye'deki hapishaneye nakledildi.[52]

8/10/709 yılında Terk'den çıkıp Dımeşk'e uğradıktan sonra Mısır'a gelen Sultan Nasır onun İskenderiye hapishanesinden çıkarılıp, Kahire Sarayı'na getirilmesini emretti. Sultan Nasır ona büyük bir saygı gösterdi. Mısır ve Şam âlimlerini toplayarak bir meclis tertip etti ve İbn Teymiyye ile onları barıştırdı.[53]

İbn Teymiyye bir süre daha Mısır'da kaldıktan sonra, Şam'a doğru giden Mısır ordusuna katıldı. Askalan'da ordudan ayrılarak Beytü'l-Makdis'e, oradan da Dımeşk'e gitti. Dımeşk'e 1.1.712 tarihinde girdi. Dımeşk'ten tam yedi yıl önce çıkmıştı.[54] Dımeşk'e yerleştikten sonra ilim yaymak, kitap yazmak ve fetva vermek ile meşgul oldu. İbn Abdülhadi bu konuda şöyle diyor: "Şeyh (rahimehullah) Dımeşk'e gelip, yerleştikten sonra, ilim öğretmek, kitap yazmak, sözlü ve yazılı fetva vermek ile meşgul oldu. İnsanlara faydalı oluyor, onlara ihsanda bulunuyor ve şer'i hükümler üzerinde içtihat yapıyordu. İçtihatları kimi zaman dört mezhebe muvafık olurken bazen de bu mezheplerin hilafına veya bu mezheplerde meşhur olan görüşlerin hilafına içtihatta bulunduğu oluyordu."[55]

Talak ve kabir ziyareti konusunda verdiği bazı fetvalar yüzünden Dımeşk'te de birçok kez eziyet gördü ve hapse atıldı. Son kez 6.8.726 Pazartesi günü ikindiden sonra Dımeşk kalesinde hapsedildi ve burada 2 yıl 3 ay kaldıktan sonra Allah'ın rahmetine kavuştu.[56] Allah ona rahmet etsin.

---

52 Bkz. el-Ukud ed- Dürriye, Sh. 177 -178
53 Bkz. el- Ukud ed- Dürriye, s. 184.
54 el- Ukud ed- Dürriye, s 192.
55 el- Ukud ed- Dürriye, s. 54-212.
56 el- Ukud ed- Dürriye, s. 54-218.

Şeyhleri (Hocaları)

Öğrencisi İbn Abdülhadi'nin[57] dediği gibi İbn Teymiyye çağının önde gelen âlimlerinden iki yüzden fazla hocadan ders almıştır. Babası ve dedesi dışında, hocalarından bazıları şunlardır:

1- Ahmed b. Abduddaim b. Nime el-Makdisi, Ebul-Abbas, Zeynüddin, 575 doğumlu. Hanbelî âlimlerinden. Hadis âlimi. Ömrünün sonlarında gözleri kapandı. 668'de vefat etti.[58] İbn Teymiyye ondan hadis[59] ilmi konusunda yararlandı.

2- Abdurrahman b. Muhammed b. Ahmed b. Kudame el-Makdisi. Salih, fakih, imam, hatip, zahid bir âlimdir. 597'de doğdu. Fazilet ve güzellik timsali idi. Hanbelî fıkhı üzerine yazdığı Şerhu'l-Mukni ve Teshilu'l-Metalib gibi eserleri vardır. 682'de vefat etti. İbn Teymiyye ondan hadis, fıkıh[60] ve usûl öğrenmiştir.[61]

3- Şerefüddin Ebu'l-Abbas. Ahmed b. Ahmed b. Nime-el-Makdisi eş- Şafii, 622 yılında doğdu. Fıkıh, usul, Arapça ve hadis konusunda imamdı. Dımeşk kadılığını yaptı ve İbn Teymiyye gibi bazı faziletli âlimlere fetva vermeleri için izin verdi. Usul-ü Fıkıh'ta yazdığı kitabı meşhurdur. 694 yılında vefat etti.[62]

4- Münecca b. Osman b. Esad ed-Dımeşki, el-Hanbelî, Zeynüddin Ebu'l--Bereket. Şam Hanbelî mezhebi reisliğini yaptı. İbn Teymiyye ondan fıkıh aldı. 695 yılında vefat etti.[63]

57 el- Ukud ed- Dürriye, s. 4

58 Hakkında daha geniş bilgi için. Bkz. Fevatül-Vefiyat, 1/81-82

59 İbn Teymiyye Mecmuu Feteva (18/77)'de Şeyh Ahmed b. Abduddaim'den hadis nakletmiştir.

60 Feteva (18/95)'de Şeyh Abdurrahman b. Muhammed'den hadis nakletmiştir.

61 Hakkında daha geniş bilgi için bkz. el-Bidaye ve'n-Nihaye, 13/320, ez-Zeyl ala Tabakat el-Hanabile, 2/304-310.

62 Hakkında bilgi için, el- Bidaye ve'n-Nihaye, 13/361-362

63 Hakkında bilgi için Bkz. el- Bidaye ve'n-Nihaye, 13/365

5- Muhammed b. Abdulkavi b. Bedran el-Makdivi el-Merdavi. Şemsüddin Ebu Abdullah Fakıh, muhaddis, nahivci, şair. İbn Teymiyye'nin Arapça hocalarından. Kitabul-Furuk ve başka eserleri vardır. 699'da vefat etti.[64]

6- Ahmed b. İbrahim b. Abdullah Gani es-Suruci el-Hanefi. Hidaye'nin şarihi. Muhtelif ilimlerde imam idi. Kelâm ilmi konusunda iken Teymiyye'ye itiraz etmiş, İbn Teymiyye ise yazdığı risaleler ile onun itirazlarını çürütmüştür. 710 yılında vefat etti.[65]

7- Ali b. Ahmed b. Abdulvahid es- Sadi el-Makdisi es-Salihi el- Hanbelî. "İbnu'l-Buhari" olarak tanınır. Âlim, fakih, zahid, âbid bir şahıstı. Hadis rivayet ederdi. Talebelerine ikramda bulunurdu. 60 yıl boyunca hadis rivayet etmiştir. İbn Teymiyye şöyle demiştir: "Hadis konusunda peygamber -sallallâhu aleyhi vesellem- ile benim arama İbnul-Buhari girdiği zaman gönlüm rahatlıyor." 690 yılında vefat etti.[66]

İbn Teymiyye'nin yukarıda ismi geçen şahıslar dışında istifade ettiği başka âlimler de vardır. Dileyenler onun hayatını anlatan müstakil kitaplardan bu isimleri öğrenebilirler.

Öğrencileri

İbn Teymiyye babasının vefat tarihi olan 683'den, kendi vefatı olan 728 yılına kadar 46 yıl boyunca ders verdi.

Babası vefat ettiği zaman yirmi bir yaşında idi. Babasının görevlerini üstlenecek 683 yılında Darü'l-Hadis-i Sekriyyede ders vermeye başladı. Aynı zamanda Büyük Cami'de Kur'an Tefsiri dersleri veriyordu. Kur'an'ın başından başlayarak sonuna kadar tefsir etmiştir. Nuh suresinin tefsiri ancak bir kaç yıl içinde tamamlamıştır.[67]

---

64 Hakkında bilgi için. Bkz. ez-Zeyl ala Tabakatul-Hanabile, 3/342.
65 Bilgi için. Bkz. el- Bidaye ve'n-Nihaye, 14/62.
66 Hakkında bilgi için. Bkz. Mucemu'ş Şuyuh el-Kebir (Zehebi), 2/13-14.
67 ez-Zeyl ala Tabakatul-Hanabile, 2/388

Ayrıca, kendisini Şam ve Mısır'da hiç bırakmayan öğrenci ve sevenlerine özel dersler vermiştir.

Şu nedenlerden dolayı, döneminde başkasına nasip olmayacak kadar çok talebe yetiştirmiştir.

1- Mısır ve Şam arasında birçok kez yolculuk yapmış olması geniş kesimlerin ondan yararlanmasına olanak vermiştir.

2- İlminin ve ifade gücünün büyüklüğü.

3- Özel ve genel ilmi dersler vermesi.

4- Öğrencilerine saygı ve sevgi göstermesi.

Yetiştirdiği Bazı Öğrencileri:

1- Muhammed b. Ahmed b. Abdülhadi b. Kudame. Muhaddis, hafız, fakih, kari, nahivci, dilbilimci ve daha birçok ilim dalında tam bir otorite. Şemsüddin el-Makdisi el-Hanbeli. 705 Receb ayında doğdu. İbn Kesir onun hakkında şöyle dedi:

"Birçok büyük âlimin ulaşamadıkları derecede hadis, nahiv, sarf, fıkıh, tefsir, tarih, kıraat gibi çeşitli ilim dallarında uzmanlık kazandı. Birçok faydalı eser yazdı. Hadis ricalinin isimlerini iyi bir şekilde ezberlemişti. Hadis Usulü konusunda tam bir otorite idi. Selef-i Salihin yoluna bağlı ve hayırda önde olan, muttaki bir şahıstı."[68]

İbni Teymiyye'ye mülazemet eden, yanından ayrılmayan öğrencilerindendir. İbn Teymiyye ona Razi'nın Usulu'd-Din'inden bazı bölümler okuttu.[69]

Yazdığı bazı eserleri: el-Ukud ed- Dürriyye fi Menakib Şeyhulislâm İbn Teymiyye," "es- Sarim el-Münki Fi'r-red Ale's-Sübki", yarıda kalan et- Tefsirul-Müsned" ve başka eserleri vardır. 744 yılında vefat etti.[70]

---

68 el-Bidaye ve'n-Nihaye, 14/21-222.
69 ez-Zeyl ala Tabakat, 2/436.
70 Hakkında bilgi için. Bkz. el-Bidaye ve'n-Nihaye, 14/221-222. Tezkiretül-Huffaz, 4/1508

2- Muhammed b. Ahmed b. Osman. Türkmen asıllı ed-Dımeşki, ez-Zehebi, eş-Şafii, Ebu Abdullah Şemsüddin. Meşhur İslâm Tarihçisi. 673 yılında doğdu.

Kıraat ve rical eleştiricisi, cerh ve tâdil konusunda imam idi.

Bazı meşhur eserleri şunlardır: Mizanul-İtidal fi Nakdi'r-Rical, Tezkiretu'l-Huffaz, Siyeru A'lamu'n-Nübela. 748 yılında vefat etti.[71]

3- Şemsüddin, Ebu Abdullah Muhammed b. Ebi Bekir Eyyub ed-Dımeşki. Mutlak müctehid, müfessir, Nahiv ve usul âlimi. "İbn Kayyim el-Cevziyye" olarak meşhur 691 yılında doğdu.

İbn Teymiyye, Mısır'dan döndükten sonra, yanına gelerek ondan istifade etti ve vefatına kadar yanından ayrılmadı. Bazı eserleri: et-Tibyan fi Aksami'l-Kur'an, İ'lamu'l-Muvakkiin Bedaiu'l-Fevaid ve daha birçok eser. 751 yılında vefat etti.[72]

4- Muhammed b. Müflih el-Makdisi, Şemsüddin Ebu Abdullah. Kadil-Kudaat, Cemalüddin b. Yusuf el-Hanbeli'nin naibi. Fıkıh ve usul âlimi, muhaddis. İbn Teymiyye'nin derslerine devam ederek ondan birçok nakil yaptı.

Kitabu'l-Füru'u ve başka eserleri vardır. 763'te vefat etti.[73]

5- Şerefüddin Ebu'l-Abbas, Ahmed b. Hasan b. Abdillah b. Ebi Ömer Muhammed b. Ahmed b. Kudame el-Hanbelî Hanbelî'lerin şeyhi "İbn Kadi'l-Cebel" olarak bilinir. 693 Şaban ayında doğdu. Hadis ve illetleri, Nahiv, Lügat ve mantık ilminde âlim idi. İbn Teymiyye'den çeşitli ilimler okudu ve fetva izni aldı.

---

71 Bkz. Gayetun Nihaye fi Tabakatil-Kurra, 2/71
72 Bkz. Bidaye ve'n-Nihaye, 14/246-247 Şezeratuz-Zeheb, 6/168-170
73 Bkz. el-Bidaye ve'n-Nihaye, 14/308, Şezeratuz-Zeheb, 6/199-200.

"el-Faik fi'l-Furui'l-Fıkhi'l-Hanbeli" ve başka eserleri vardır. 771'de vefat etti. [74]

6- İsmail b. Ömer b. Kesir el-Basri, sonra Dımeşki. Ebu'l-Fida İmadüdin, hafız, tarihçi, fakih, müfessir. 701 yılında doğdu. İbn Teymiyye'den çok yararlandı. Daha genç yaşta iken tam bir hadis ilmi otoritesi oldu.

Bazı eserleri: el- Bidaye ve'n Nihaye, Tefsirul-Kur'ani'l Azim ve başkaları. 774'te vefat etti. [75]

İsimlerini zikrettiğimiz bu **âlimler** İbn Teymiyye'den yararlanıp, tüm insanların yararlandıkları eserler yazan ilmi sahada söz sahibi öğrencileridir.[76]

İlmi Mevkii

İbn Teymiyye daha çok küçük yaştan itibaren ilim talebine yöneldi. Allah ona olağanüstü bir ezber ve anlama kâbiliyeti vermişti. İlim ehli olan, asil bir aile içinde yetişti. Bu ɔnun tüm ilim dallarında, özellikle de, tefsir, hadis, fıkıh, akide ve benzeri şer'i ilimlerde büyük bir uzmanlık kazandı.

Aşağıda, bazı âlimlerin, muhtelif ilim alanlarında onun hakkında söyledikleri övgü dolu sözlerden bir kısmını zikredeceğiz:

Tefsir Alanında

İbn Abdilhadi, Zehebi'den naklen şöyle der: "Tefsir alanında tam bir otorite idi. Bir meseleye anında Kur'andan delil getirmede, müthiş bir yeteneğe sahipti. İnsanlar onun bu yeteneğine hayran idiler. Müfessirlerin bazı âyetlerin tefsirinde yaptıkları hataları düzeltir, Kur'an ve Sünnet'in delaletine uygun açıklamalar getirirdi. [77]

---

74 Daha geniş bilgi için, Bkz. ed- Dürerül-Kâmine, 1/129.
75 Bkz, ed-Dürerül-Kâmine, 1/399-400
76 Diğer öğrencilerini öğrenmek için Şeyhulislâm'ın hayatını anlatan kitaplara bakabilirsiniz.
77 el-Ukud ed-Dürriye s, 20

Hafız el- Bezzar da şöyle dedi:....Bir mecliste Kur'andan bir âyet geçtiği zaman Şeyhulislâm o âyetin tefsirine başlar ve meclis o şekilde kapanırdı. Birkaç âyetin tefsiri çoğunlukla saatler alırdı. Tefsirini bir yerden okumaksızın yapardı." [78]

Ve yine İbn Abdülhadi, İlmuddin el Berzali'den naklen şöyle diyor: "Tefsire başladığı zaman, ezberinin çokluğundan, anlatışının güzelliğinden, uygun tercih, zayıflığına işaret etme ve iptalleri yapmasından dolayı insanlar onu büyük bir hayranlıkla dinlerlerdi." [79]

Hadis Alanında

Hafız Bezzar bu konuda şöyle diyor: "Nakillerin sahih ve sakimini bilme konusunda o, zirvesine ulaşılmaz bir dağ idi. Onun cerh ve tâdilini bilmediği söz yok gibiydi. [80]

İbn Abdülhadi de Zehebi'den naklen şöyle dedi: "Rical, cerh ve tâdilleri, tabakaları gibi hadis ilminin tüm konularında tam bir otorite idi. O çağda, bu konuda onun rütbesinde başka bir âlim daha yoktu. Ezber ve ezberini anında hatırlama ve bundan delil çıkarma bakımından olağanüstü bir zekâya sahipti.

Şöyle denilse doğrudur: İbni Teymiyye'nin bilmediği hadis, hadis değildir"[81]

İbn Receb de şöyle dedi: "Hadis ilmi konusunda müthiş bir bilgiye sahipti. Sahih, Sünen ve Müsned metinlerinin ezberi konusunda ise, ona denk olacak kimse yoktu." [82]

---

78 el-A'lam, s. 20-21
79 el-Ukud ed-Dürriye s, 4 10-11; Tabakatul-Hanabile 2/391
80 el-A'lam, s.30
81 el-Ukud ed-Dürriye s, 20.
82 ez-Zeyl, 2/391.

Fıkıh Alanında

İbn Abdülhadi, Zehebi'den naklen şöyle der: "Dört mezhebin yanı sıra, Sahabe ve Tâbiinin mezhepleri ve fıkıhları konusunda büyük bir bilgiye sahipti." [83]

İbn Receb, Zeheb'den naklen şöyle dedi: "... Fıkıh'ta mezheplerin ihtilafları, sahabe ve tâbiinin fetvaları konusunda tam bir bilgi sahibiydi. Öyle ki fetvalarını belli bir mezhebe göre değil, delil elde edebildiği ölçüye göre verirdi." [84]

İbn Kesir'de şöyle dedi: "Tefsir ve fıkıhta imam idi. Öyle ki, mezhepleri mensuplarından daha iyi biliyordu. Usul ve füruda âlim idi." [85]

İbn Hacer, Zehebi'den naklen şöyle dedi: "Sorulan meselelere Kur'an'dan delil getirmede ondan daha mahiri yoktu." [86]

Akide Meselesinde

Âlimler İbn Teymiyye'nin bu alandaki çalışmalarından övgü ile bahsetmişlerdir.

İbn Abdülhadi, Zehebi'den naklen şöyle der: "Değişik dinler, mezhepler, usul ve kelâm konusunda ondan daha bilgilisini bilmiyorum." [87]

Hafız Bezzar da şöyle dedi: "Allah ona öyle bir ilim ve istikamet vermişti ki, yazdığı kitaplar ile bid'at ve heva ehlinin uydurdukları tüm bid'at ve hurafeleri geçersiz kılıp, sapıklıklarını ve Şeriat-ı Muhammediye'ye aykırı tutumlarını ayanbeyan ortaya çıkarmıştır.

---

83 el-Ukud, 18.
84 el-Zeyl, 2/389.
85 el-Bidaye ve'n-Nihaye, 14/142.
86 Ed-Dürerü'l Kâmine, 1/160
87 el-Ukud, 18-19.

"Allah'ın o'na verdiği rahmani basireti, nakli deliller ve akli açıklamalarını eserlerine yansıtarak yalan ile doğrunun birbirinden ayrılmasını sağlamıştır." [88]

İbn Receb de yine Zehebi'den naklen şöyle der: "Akli ilimleri inceledi ve kelâmcılara reddiye yazarak sözlerini çürüttü. Hatalarını tespit edip, insanları onlardan kaçındırdı. En açık ve yüksek delillerle sünnete yardım etti. Bu yolda çeşitli eziyetler görmesine rağmen, hak yoldan dönmedi. Takva ehlinin muhabbet ve duasına nail oldu ve Allah onunla birçok dalalet ehlini hidayete erdirdi." [89]

Âlimlerin, Onun Muhtelif İlimlerdeki Üstün Bilgisine Şahitlik Eden Bazı Sözleri

İbn Abdülhadi, Berzali'den naklen şöyle dedi: "Fazileti, adaleti ve dindarlığı konusunda herkesin müttefik olduğu imam Takiyyuddin, Ebu'l-Abbas, Kur'an, Arapça, usul, tefsir ve hadis konusunda zamanının bir tanesidir. Müctehidlerde olması gereken tüm vasıflara sahip idi ve içtihat derecesine ulaştı. Derslerini dinleyenler, ilminin genişliği, zekâsının kuvveti ve anlatışının güzelliğine hayran idiler."[90]

Zehebi, Ebu'l-Abbas el-Dimyati'ye cevap veren Ebu'l-Feth el-Yamiri'den şöyle nakletti: "O, tüm ilimlerden nasiplenmiştir. Sünnet ve eserleri ezber biliyordu. Tefsir, hadis ve fıkıhta imam idi. Tüm din ve mezheplerle ilgili geniş bir ilime sahipti. Tüm ilimlerde uzman idi. Yeryüzünde ondan daha âlim birisin görmedim." [91]

Şeyhulislâm'ın ilmi konumu hakkında âlimlerin övgü dolu birçok sözleri vardır. Muhtelif ilimlerde yazdığı kitaplar onun ilmi konumunun en açık kanıtıdırlar.

---

88 el- A 'lam, 31-32.
89 el-Zeyl, 2/389-39
90 el-Ukud ed-Dürriye s, 10-11; Şehadetü Zekiyye s, 48; el- Kevakibu'd-
    Dürriye, s, 59
91 el-Mucemul-Muhtas Bil'muhaddisin (Zehebi), 54, 25, 26.

Şeyhulislâm İbn Teymiyye'nin Telif Ettiği Eserler:

Âlimler, İbn Teymiyye'nin te'lif eserlerinin sayılamayacak kadar çok olduğunu bildirmişlerdir:

İbn Abdülhadi şöyle dedi: "Şeyh'in birçok kitabı, fetvası, kendisine yöneltilen sorulara verdiği cevapları ve risaleleri vardır ki, bunların tam olarak sayısını tespit etmek mümkün değildir. O'nun kadar çok kitap yazan -eski ve yenilerden-hiç bir âlim yoktur. Çoğu eserlerini hapishanede iken, herhangi bir kitaba ihtiyaç duymaksızın ezberinden yazmıştır." [92]

İbn Abdülhadi bir başka yerde de şöyle dedi: "Şeyh Takiyüddin'in kendisi bile eserlerinin sayısını tam olarak bilmezdi. Çünkü sürekli olarak yazmaktaydı. Allah (c.c) ona hızlı yazma yeteneği vermişti ve ezberinden yazardı.

Yazdıklarını talebelerine veya kendisine soru yöneltenlere verirdi. Böylece kitapları elinden çıkar ve nerede olduğunu o bile bilmezdi.

İşte bu nedenlerden dolayı, kitaplarının sayısını tam olarak bilmek mümkün değildir." [93]

İbn Abdülhadi şöyle devam ediyor: "Şeyhulislâm hapse girdikten sonra, öğrencileri dağılmak zorunda kaldılar. Böylece kitapları da dağıldı. İnsanlar onun kitaplarını açığa çıkarmaktan korkar oldular." [94]

Bu nedenle Şeyhulislâmın bazı kitapları kaybolmuş veya unutulmuştur.

İbn Abdülhadi el-Ukud ed-Dürriye'de (s. 21-47) Şeyhulislâm'ın kitaplarının bir listesini çıkarmış ve ihtiva ettiği mevzulara kısaca değinmiştir.

---

92 el-Ukud ed-Dürriye s. 20-21.
93 el-Ukud ed-Dürriye s. 48.
94 el-Ukud ed-Dürriye s. 48.

Hafız Bezzar şöyle dedi: "Onun kitaplarını tam olarak saymam mümkün değil. Zira, büyüklü küçüklü birçok kitap yazmıştır ve bu kitaplar tüm İslâm âlemine yayılmıştır. Gittiğim her ülkede onun bazı kitaplarına mutlaka rastladım."[95]

Şeyhulislâm sadece *"Deki: O Allah birdir"*[96] âyetinin tefsirini büyük bir cilt kitaba ancak sığdırabilmiştir.

"Rahman Arşa istiva etmiştir"[97] âyet-i kerimesini ise 35 sayfada tefsir etmiştir. Duyduğuma göre, şayet başladığı Kur'anın tamamının tefsirini tamamlayabilseydi toplam 50 cilt olacaktı."[98]

Hafız Bezzar daha sonra Şeyhulislâm'ın bazı eserlerini üç sayfa halinde zikrettikten sonra şöyle dedi: "Zikrettiklerimiz Şeyhulislâm'ın eserlerinin ancak bir kısmıdır."[99]

Zehebi'de şöyle dedi: "İlim okyanusu, zekâ, zühd, cesaret ve kerem sahibi bir zat idi. Sevdiklerinin olduğu gibi muhaliflerinin de övgüsünü kazanmıştır. Yüz ciltten fazla eser yazmıştır."[100]

İbn Receb de şöyle dedi: "Eserlerine gelince; sayılamayacak kadar çoktur. Tüm ülkelere yayılmış olduğundan bunların sayısını tam olarak tespit etmek mümkün değildir. Bazı eserleri şunlardır..."[101]

Tüm bu sözlerden İbn Teymiyye'nin sayılamayacak kadar çok eser bıraktığı anlaşılmaktadır. Öyle ki onların sayısını tespit etmek bile mümkün olmamıştır.

---

95 el-A'lam, s. 23.
96 İhlas Suresi.
97 Taha Suresi.
98 el-A'lam s. 20-21.
99 el-A'lam s. 26.
100 Tezkiretu'l-Huffaz, 4/1496.
101 ez- Zeyl ala Tabakat, 2/405.

es-Safdi tamamını tespit etmenin imkânsız olduğunu iti-
raf ettikten sonra, Şeyhulislâm'ın bazı eserlerini beş alana ayı-
rarak saymıştır.

1- Tefsir alanındaki eserleri.

2- Usul alanında.

3- Usul-ü Fıkıh alanında.

4- Fıkıh alanında.

5- Diğer alanlarda yazmış olduğu kitaplar.

Tüm bu kısımlar altı sayfa tutmuştur. [102]

Aynı şekilde İbn Şakir de, Safdi gibi gruplandırma yapa-
rak, Şeyhulislâm'ın bazı kitaplarını saymıştır. [103]

İfade edildiği gibi Şeyhulislâmın kitaplarının sayısını tam
olarak belirlemek mümkün olmasa da, Müslümanlar halen bu
kitapların nurlu ilimlerinden faydalanmaya devam etmekte-
dirler.

İbn Teymiyye'nin Başlıca Önemli Eserleri Şunlardır:

1- İstikamet[104]

2- İktidau's Sıratül müstakim li muhalefeti ashabi'l
cahim.[105]

3- Aksamul Kur'an. [106]

4- Emsalü'l Kur'an. [107]

---

102 el-Vafi bi'l-Vefiyat s, 23-30.
103 Fevatul-Vefiyat, 1/75-80.
104 Kahire'de İbn Teymiyye yayınevi tarafından basıldı.
105 Riyad'da el-Abikan yayınevi tarafından basıldı.
106 İbn Abdulhadi Ukud ed-Dürriye'de bildirdi.
107 İbn Abdulhadi, Ukud ed-Dürriye'de bildirdi.

5- İman. [108]

6- Bağiyetü'l mürted. [109]

7- Tedmiriyyet. [110]

8- Tefsiru Ayatun müşkilat[111] (Müşkil Âyetlerin Tefsiri).

9- İhlas suresinin tefsiri. [112]

10- Nur suresinin tefsiri. [113]

11- Derü tearuzil-akl ve'n nakl. [114]

12- er-Red ala'l-mantıkiyyin. [115]

13- Safdiyyet. [116]

14- Ubudiyet. [117]

15- Tevessül ve'l-vesile. [118]

16- Kavaidu'n-nuraniyye el- fıkhiyye. [119]

17- Mukaddime fi usulit tefsir[120]

18- Minhacus sünne fi nakdi kelâm eş-Şia ve'l-Kaderiyye[121]

19- en-Nübüvvat. [122]

---

108 Beyrut'ta İslâm yayınları tarafından basıldı.
109 Medine'de Ulum ve'l-Hikem yayınları tarafından basıldı.
110 Riyad'da el-Abikan yayınları tarafından basıldı.
111 Elinizde bulunan kitap.
112 Hindistan'da, Daru's-Selefiyye tarafından basıldı.
113 Hindistan'da, Daru's-Selefiyye tarafından basıldı.
114 İmam Muhammed b. Suud Ünv. Tarafından 11 cilt halinde.
115 Beyrut'ta, Darul-Marife tarafından basıldı.
116 Kahire'de İbn Teymiyye yayınevi tarafından basıldı.
117 Beyrut'ta İslâm yayınları tarafından basıldı.
118 Beyrut'da İslam yayınları tarafından basıldı.
119 Riyad'da Maarif yayınları tarafından basıldı.
120 Tanta'da Daru's-Sahabe tarafından basıldı.
121 11 cilt halinde Kahire'de İbni Teymiyye yayınları tarafından basıldı.
122 Beyrut'ta, Darul-Küttab el- Arabiye tarafından basıldı.

Şeyhulislâm İbn Teymiyye'nin saydıklarımız dışında da kitapları mevcuttur. Son dönem âlimleri onun risale, söz ve fetvalarını derleyerek müstakil külliyatlar haline getirmişlerdir ki, önemli olanları şunlardır:

Mecmuu Fetava Şeyhulislâm İbn Teymiyye. [123]

Dekaiku't Tefsirul Cami Li'tefsiri Limen İbn Teymiyye. [124]

et-Tefsiru'l Kebir. [125]

Şeyhulislâm İbn Teymiyye'nin Vefatı:

İbn Teymiyye -radıyallâhu anh- Dımeşk'te mahpus bulunduğu hapishanede zilkade ayının 20. gecesi 728 yılında vefat etti. [126]

* * *

---

123 Abdurrahman b. Muhammed b. Kasım tarafından derlendi ve 37 cilt halinde Kahire'de basıldı.

124 Prof. Muhammed Seyyid el-Celind tarafından 6 cilt halinde derlenip, Ulumul-Kur'an Müesseseleri tarafından Dımeşk'te basıldı.

125 Abdurrahman Umeyra tarafından derlenip 7 cilt halinde Beyrut'daki Daru'l-Kütübil-İlmiyye tarafından basıldı.

126 Bkz. el-Ukud ed-Dürriye, s. 246; el- A'lam, s. 482; Tezkiretu'l-Huffaz 4/1498; el-Bidaye ve'n-Nihaye, 14/141; ez-Zeyl ala Tabakatil Hanabile, 2/405.

YAKLAŞMANIN ÇEŞİTLİ YORUMLARI ÜZERİNE:

Allah (c.c.) şöyle buyuruyor:

"Secde et ve yaklaş." (Alak, 96/19)

"Allah'tan korkun ve O'na yol arayın." (Maide, 5/35)

"Onların taptıkları da hangisi (O'na) daha yakındır diye Rablerine (yaklaşmak için) vesile ararlar." (İsra, 17/57)

"Eğer o yaklaştırılmış kimselerden ise." (Vâkıa, 56/88)

Resûlullah -sallallâhu aleyhi vesellem- bir kudsi hadiste şöyle buyuruyor: "Kim bana bir karış yaklaşacak olursa, ben ona bir kulaç yaklaşırım."[127]

"Kulum, üzerine farz kıldığım şeyleri eda etmek kadar başka hiçbir işle bana daha yakın olamaz. Ve ben onu sevinceye kadar, o, nafilelerle bana yaklaşmaya devam eder."[128]

"Onların her birisi birer kurban sunmuşlardı. Birininki kabul edildi." (Maide, 5/27)

"Bize ateşin yiyip bitireceği bir kurban getirmedikçe..." (Âl-i İmran, 3/183) gibi ayetlerde geçen "kurban" ve benzeri kelimeler, kulun yapmış olduğu birtakım ilim ve amellerin, kendisinin ortaya koyduğu bir hareketle ve bir halden bir başka hale geçmekle meydana geldiğini göstermektedir.

Bununla birlikte ya ruhu ve zatıyla hareket etmekte ya da etmemektedir. Eğer bunlar harekete geçecek olursa, onun

---

127 Tirmizi Deavat: 131,
128 Tirmizi Sevabu'l-Kur'an: 17; Ahmed: 6/256.

bu hareketi ya Allah'ın (c.c.) zatına veya başka bir şeye doğrudur.[129]

Eğer bu hareket Allah'ın zatına doğru bir hareket ise, yüce Allah'ın o kişiye yaklaşması, gitmesi, gelmesi gibi fiiller üzerinde durmak gerekir. Çünkü Allah'ın bu yakınlaşması ya kulun yaklaşmasının bir mükâfatıdır, ya da yüce Allah'ın dünya semasına inmesi gibi şekillerde ortaya çıkması söz konusudur.

Bu konuda ilk olarak felsefe ile uğraşanların görüşlerini ele alalım. Onlar şöyle der: "Ruh bedenin ne içindedir, ne dışındadır. O ne hareket, ne de sükûn ile nitelendirilebilir."

İslâm dinine bağlı olan bazı kimseler de bu konuda felsefecilere uymuştur.

Bunlara göre kulun yakınlaşması, nefsindeki birtakım ayıp ve kusurları gidererek, güzel sıfatlar ile onu kemale doğru ulaştırıp Rabbe yaklaşacak hale getirmesi, anlam bakımından ona benzerlik noktasına yaklaştırması demektir. Bunlara göre felsefe, insanın gücü oranında Allah'a benzemeye çalışmasıdır. Ruhun hareket etmesi ise imkânsızdır.

Meleklerin yakınlığı ile ilgili olarak da aynı şeyleri söylerler. Nefsin kusurlarından arındırılarak, kişinin kendisini güzellikler ile donatıp nefsini kemale doğru götürmesini hak kabul etmeleri yanında, bunun ötesini reddetmeleri bir hatadır. Onlar insanın cisminin, Rabbin eserlerinin zuhur ettiği mescitler, semavat, ariflerin bulundukları yerler gibi mekânlara doğru hareket ettiğini kabul ederler.

Bunlara göre Resûlullah'ın -sallallâhu aleyhi vesellem- miracı, sadece kâinatın gerçeklerinin ona açılması anlamını taşır. Nitekim İbn Sina ve Aynu'l-Kudat gibi onu izleyenlerle, "el-Metalibu'l-Aliye" adlı eserinde İbnu'l-Hatib gibi kimseler miracı bu şekilde yorumlamaktadırlar.

---

129 (Buhari Tevhid: 15, 50 Tevbe: 1; Müslim Zikir: 2, 3)

İkinci görüş, Allah'ın (c.c.) Arş'ın üzerinde olmadığını, O'na Arş'ı ve Kürsi'yi nisbet etmenin aynı şeyler olduğunu söyleyen, "O âlemin ne içinde ve ne de dışındadır" diyen kelâmcıların görüşüdür. Ancak bunlar kulun ve meleklerin hareketliliğini kabul ederek şöyle derler: "Kulun Allah'a (c.c.) yakın olması, kişiliğinin Allah (c.c.) katında şerefli olan mekânlara doğru hareketidir. Bu mekânlar ise Semalar, Hamele-i Arş ve Cennet'tir." Resûlullah'ın -sallallâhu aleyhi vesellem- miracını da bu şekilde açıklarlar. Bunlar ve bunlardan öncekiler, kulun bedeninin ibadet esnasında olduğu gibi, şerefli mekânlara doğru hareket etmesi konusunda görüş birliğinde olmakla beraber, nefsinin hareketi konusunda anlaşmazlık içindedirler.

Birinciler "Nefsin Hareketi"ni onun bir halden bir hale geçmesi anlamında kabul eder ve bir mekândan başka bir mekâna geçmesi anlamında kabul etmezler. Aynı şekilde cismin ve ruhun hareketi konusunda ittifak etmekle birlikte, diğerlerine göre bu hareket, mârifetullahın fark edildiği gökler, mescitler, Allah'ın (c.c.) velileri, Allah'ın (c.c.) isim ve ayetlerinin tecelli mekânları gibi yerlere doğru hareket şeklindedir.

Üçüncü görüş, Ehl-i Sünnet ve'l-Cemaat'in görüşüdür. Bunlar Allah'ı (c.c.) Arş üzerinde kabul ederler. Arş'ı taşıyanların kendilerinin dışında kalanlara oranla ve üst semadaki meleklerin, ikinci semadaki meleklere göre Allah'a (c.c.) daha yakın olduğunu; Resûlullah -sallallâhu aleyhi vesellem- miraca çıkınca, miracında ve yükselişinde ilerledikçe daha yakın olduğunu ve Allah'a (c.c.) doğru yükseldiğini, onun sadece bir mahlûkuna doğru olmadığını, namaz kılanın ruhunun secde halinde -bedeni aşağılarda olsa bile- Allah'a (c.c.) yaklaştığını kabul ederler. İşte Kitab'ın nasslarının ifade ettiği de budur.

Diğer taraftan "Rabbin kuluna yaklaşması" konusuna gelince; Rabbin yakınlaşması, acaba bu yakınlığın gereklerinden midir? Mesela, haccedilen Beyt, duvar ve dam gibi yerinde hareketsiz duran herhangi bir şeye doğru gittikçe ona yaklaşmış olmak türünden midir, yoksa Rabbin de yaptığı bir çeşit yakınlık mıdır? Yani sen, sana doğru hareket etmekte olan bir şeye yaklaşma halinde olduğun gibi o da sana doğru hareket edip yaklaşır mı? Yani sen bir iş yaparken o da başka bir iş mi yapmaktadır?

Bu konuda Ehl-i Sünnet'in iki ayrı görüşü vardır ve bu görüşler bundan önce geçmiş bulunan "Sıfat-ı Fiiliye" kaidesi ile ilgili bulunmaktadır. Nüzul meselesi ve diğer meselelerde olduğu gibi... Bu konuda yapılması gereken açıklamalar da bundan önce geçmişti.

Rabbin, has kullarına yaklaşıp kalplerine tecelli etmesiyle ilgili rivayetler bu türdendir. Nitekim İmam Ahmed'in "Zühd" adlı eserinde şu rivayet kaydedilmiştir:

Musa (a.s.) dedi ki: "Rabbim seni nerede bulabilirim?"

Rabbi şöyle buyurdu: "Benim uğrumda kalpleri kırık olanların yanında. Her gün onlara bir karış yaklaşırım. Bu olmasaydı o kalpler yanardı."

Bu tür yakınlaşma, felsefecilerle Cehmiye'ye göre, O'nun sadece zuhuru ve kulun kalbine tecellisidir.

Diğer taraftan felsefeciler ruhun hareketini kabul etmezken, Cehmiye ruhun yüksek bir mekâna doğru hareketinin caiz olduğunu kabul etmektedir. Ehl-i Sünnete göre ise, tecelli ve zuhur ile birlikte, kulun zatı Rabbinin zatına yaklaşır, Allah'ın (c.c.) zatının kula doğru yakınlaşmasının cevazı konusunda iki ayrı görüş bulunmaktadır. Bu görüşleri başka yerde geniş bir şekilde açıkladık.

Kelâmcılardan bunu kabul etmeyenlerin görüşüne göre, Rabbin gelmesi ve nüzulü, ancak O'nun kuluna tecellisi ve zuhuru ile olabilir. Bu da, kul ile birlikte bulunan bâtıni ya da zahiri müşahedeyi engelleyen perdelerin kalkması şartına bağlıdır. Nitekim kör ya da ışıktan gözleri kamaşan bir kimse, körlüğü geçip gözleri açıldığında, güneşi ve ayı gördüğünde, "Güneş ve Ay bana göründü" der. Bu, felsefecilerden, Mutezile ve Eş'ariye'den yakınlaşmayı reddedenlerin görüşüdür. Şu kadar var ki, Eş'ariler, Mutezile'nin kabul etmediği bazı konularda rü'yeti kabul ederler. Aralarında kastettikleri anlamda onlara uyum gösterenler de vardır.

Allah'ın Kula ve Kulun Allah'a Doğru Hareketi:

Ehl-i Sünnet ve'l-Cemaat'e mensup selefin, hadis ve mârifet ehlinin, onlara tâbi olan fukaha ve sufilerin, çoğunluğun ve yine birtakım kelâm ehlinin görüşüne gelince; Rabbin inmesi, gelmesi, kulun hareketi, ona yaklaşması ve ona doğru gitmesiyle olabilir. Bu, kulun basiretinin inkişafının dışında bir şeydir. Bu yalnızca bir bilgidir. Bunlara göre bu durum, kulun bilgi ve ameli ile olursa, hem keşif, hem de ameldir.

Eş'ariler ve onların yolundan giden kelâmcılar, kul tarafından bir hareketin ortaya çıkmasını reddetmezler. Onlara göre bu mümkündür. Ancak onlar, bundan önce de geçmiş olduğu gibi, kulun Allah'a (c.c) doğru hareketini kabul etmezler. Bazıları şanı yüce Allah'ın gelişini, *"Rabbine, sana yakin (ölüm) gelinceye kadar ibadet et"* (Hicr, 15/99) buyruğuna benzetirler. Yani buradaki "yakin"den kasıt, ölüm ve ondan sonra karşılaşılacak ve başa gelmesi kesin olan olaylardır.

Ben derim ki; bu aslında yüce Allah'ın şu buyruklarına benzer:

"Fakat o en büyük bela (kıyamet) geldiğinde..." (Naziat, 79/34)

"O kulakları sağır edici (ikinci üfürüş) geldiği zaman... (Abese, 80/33) *"Artık onun (kıyametin) alametleri gelmiştir."* (Muhammed, 47/18)

Burada bizzat kendisinin zuhurunu ve tecellisini kastetmiştir.

Ben derim ki: Bu manayı kapsamakla birlikte, yalnızca onun zuhuru ve tecellisi kastedilmeyip, aynı şekilde kulun ona doğru hareketi de kastedilmektedir. Hem eğer o sakin ise, onun gelişi, kulun kendisine doğru gelişinin gerekleri arasındadır. Onda bir hareket bulunmakta ise, bizzat kendisinin gelişi sözkonusudur. Eğer kul kendisine doğru gitmekte ise de durum böyledir. Yakinin (kıyametin) gelişi de bu şekildedir. Rububiyet açısından kul ile ilişkisi bulunmayan hicabların (örtü) kaldırılması ile olur. Resûlullah -sallallâhu aleyhi vesellem- şöyle buyuruyor: "Onun hicabı nur (veya nar)dır. Bu hicabını açacak olursa, onun yüzünün aydınlığı mahlûkatından gözünün değdiği her bir şeyi mutlaka yakardı.[130]

O halde burada kulları idrakten alıkoyan birtakım hicablar sözkonusudur. Nitekim, bazen bulutlar ve tavanlarda güneş ile ay arasında bir hicab oluşturur. Ancak bunlar aradan kalktığında güneş ve ay görünür.

Bu hicabların Allah'ın (c.c.) görmesine ve idrak etmesine engel oluşturmalarına gelince; hiçbir Müslüman böyle bir şey söyleyemez. Çünkü ne yerde ve ne de gökte zerre ağırlığında hiçbir şey Allah'a (c.c.) gizli değildir. O siyah karıncanın kapkaranlık bir gecede kaya üzerindeki hareketini dahi görür. Ancak, nurunun mahlûkatına ulaşmasını hicablarla engeller. Nitekim, hadis-i şerifte şöyle buyrulur:

"Hicablarını açacak olursa, yüzünün aydınlığı mahlûkatından gözünün değdiği her bir şeyi elbette yakardı."

Şanı yüce Allah'ın basarı (görmesi) bütün mahlûkatı idrak eder. Zatının nuru, aydınlığı ise, "nur" veya "nar" hicabı ile perdelidir.

Cehmiye ise kesinlikle onun hakkında hicabların varlığını kabul etmezler. Çünkü onlara göre yüce Allah Arş'ın üzerinde değildir. Ali'den -radıyallâhu anh- rivayet ettikleri uydurma haberi buna delil getirirler. Bu habere göre güya Ali -radıyallâhu anh-, "Yedi gök ile hicablanana yemin ederim ki, öyle değil" diye yemin eden bir kasabı işitince, kamçısını kaldırıp ona vurur. Bu sefer kasap, "Ey müminlerin emiri! Ben bu yeminimin kefaretini ödeyeyim mi?" deyince Ali -radıyallâhu anh- şu cevabı verir:

---

130 Müslim, İman: 293, 294; Ahmed: 4/401,405, İbn Mace, Mukaddime: 13.

"Hayır, fakat sen Allah'tan başkasının adıyla yemin etmiş bulunuyorsun."

Bu haberin sağlam bir senedi bulunmuyor. Doğru olduğunu kabul etsek bile, Ali'nin -radıyallâhu anh- bu şekilde yemin eden kimsenin, yüce Allah'ın mahlûkatını idrak edemeyecek şekilde hicab arkasında bulunduğunu kastetmiş olacağı anlaşılır; böyle bir anlayış ise şüphesiz batıldır. Fakat mahlûkatının onu idrak etmemesi anlamındaki perdelenme böyle değildir.

Nitekim şu sahih hadis de bunun delilidir:

"Cennetlikler cennete girince bir çağrıcı, 'Ey Cennet ehli! Allah'ın size vermiş olduğu bir sözü vardır. O size vermiş olduğu bu sözünü yerine getirmek istiyor' diye seslenir.

Cennetlikler şöyle der:

'Bu söz ne olabilir? Yüzlerimizi ağartmadı mı, terazilerimizi (iyiliklerle) ağırlaştırıp bizi cennete sokarak ateşten korumadı mı?'

Bunun üzerine yüce Allah aradaki hicabı kaldırır ve onu görürler. Kendilerine, zatına görmekten daha sevimli hiçbir şey verilmiş değildir. İşte (ayette sözü geçen) "ziyade" budur.[131]

Cehmiye'den rü'yetullahı kabul edenlere göre, herkesin hicabı kendisi ile birliktedir. Bu hicabın açılması, kişide idrakin yaratılmasıdır; yoksa hicab başlı başına ve ayrı bir şey değildir.

Allah'ın (c.c.) gelmesi, nüzulü ve yaklaşmasının, ondan bir hareket ve intikal ile olup olmadığı konusunda ise, bizim mezhebimizden olan ve olmayan sünnet ehlinin iki görüşü vardır. En doğruyu bilen Allah'tır.

Âlemlerin Rabbi Allah'a (c.c.) hamd, Muhammed'e -sallallâhu aleyhi vesellem- ve onun aile efradına salât ve selâm olsun.

---

131 Tirmizi, Tefsir Sure: 10, 1; İbn Mace, Mukaddime: 13; Ahmed: 4/333.

KULUN ALLAH'A YAKINLAŞMASININ TÜRLERİ:

Felsefeyi, insanın gücü oranında ilâha benzemesi olarak anlayan kimseler vardır. Bu şekildeki bir yorum Ebu Hamid el-Gazzali ve ona benzer bazı kimselerin sözleri arasında da geçmektedir. Bunlar hakiki bir yakınlığı kabul etmezler. Böyle bir yakınlık ise, bilinen ve mâkul bir yakınlıktır. Yakın kullarının yakınlığını, ona yakınlık olarak değil, sevabına ve ihsanına yakınlık olarak kabul edenlerin görüşlerinde buna rastlanır. Bu gibi kimseler Muattıla'dandır.

Çünkü Allah'ın (c.c.) sevabı ve ihsanı, kullarına ulaştığı gibi, onlar da ona ulaşırlar. Yemek ve giyinmek yoluyla onun onların içine, onların da onun içine girmeleri şeklinde birbirleriyle karışırlar. Eğer onlar, bizzat O'nun cennetinde nimetleri ve sevabı içerisinde bulunuyor iseler, kulları O'nun ihsanına yakın olmayı, nasıl gayelerinin en büyüğü olarak kabul edebilirler? Hele mukarreb (yakınlaştırılmış) olanlar, kitapları İlliyyin'de olan Ashab-ı Yemin ve Ebrar'ın da üstündedir.

"İlliyyin'in ne olduğunu sana bildiren nedir? O yazılmış bir kitaptır. Mukarrebler (melekler) onu müşahede ederler. Şüphe yok ki, o iyiler, nimetler içindedirler. Tahtlar üzerinde seyrederler. O nimetlerin güzelliğini yüzlerinde görür görmez tanırsın. Onlara mühürlü, halis şaraptan içirilecektir ki, onun mührü misktir. O halde yarışanlar bunun için yarışsın. onun katkısı "tesnim"dendir. O (tesnim) bir pınardır ki, ondan (Allah'a) yakın olanlar içerler." (Mutaffifin, 83/19-28)

İbn Abbas, "Ondan yakın olanlar içerler" cümlesiyle ilgili olarak, onlar "katıksız olarak içecekler" demekte, Ashab-ı Yemin'e ise katkılı olarak verileceğini söylemektedir.

Böylelikle Ebrarın (iyiler) aynı nimetler içinde olduğu, onların da şanı yüce Allah'ın nitelendirmiş olduğu şaraptan içecekleri, tahtları üzerine oturarak seyredecekleri haber verilmektedir. Durum böyle olduğuna göre, nasıl olur da Mukarrebunun yakınlıkları -ki onlar herhangi bir şekilde katılmayarak, katkısız bir şekilde içecek halleriyle diğerlerinden daha üstün ve yücedirler- sadece içinde bulundukları bu nimetlerden ibarettir, denilebilir. Bu görüşün yanlış olduğu, basit ve asgari bir düşünce ile rahatlıkla belirlenebilir.

İkinci mesele ise, zatının gerekleri arasında bulunan "yakınlık" hakkındadır. İlim ve kudret gibi. Hiç şüphesiz ki O, ilmiyle, kudretiyle ve tedbiriyle bütün yaratıklarına yakındır. Zeval bulmamak üzere onların hallerini bilir ve yine zeval bulmamak üzere onların üzerinde muktedirdir. Bütün Ehl-i Sünnet'in ve genel olarak grupların görüşü budur. Kaderiye ve Rafızîlerle onların benzerlerinden onun kadim ilmini reddedenler, ya da Rafızî, Mutezile ve başkalarından, olayın meydana gelmesinden önce o işe kâdir olduğunu inkâr edenler dışında kalan bütün sünnet ehli ve taifelerin görüşü budur.

Zaman zaman ve bu konuda özel olarak hiçbir şeyle ilgili olmamak üzere, zorunlu bir yakınlık ile, nefsiyle mahlûkatına yakınlığına gelince; bu konuda insanların iki ayrı görüşü vardır:

"O zatıyla her mekânda vardır" diyenler bu görüşü kabul eder. Bunu kabul etmeyenlerin de bu konuda iki görüşleri bulunmaktadır.

Birincisi; bu tür yakınlığı kabul eder. Bu görüş kelâmcılardan, sufilerden ve onların dışında kalanlardan bir grup kimsenin görüşüdür. Onlara göre Allah (c.c.) Arş'ın üstündedir ve böyle bir yakınlığı da kabul ederler.

Bir başka topluluk ise bu yakınlığı kabul etmekle birlikte, Arş'ın üzerinde olduğunu kabul etmezler. Kullarının kendi zatına yakınlıkları, kendisinin de onlara yakınlığı seleften, hadis ehlinden, fukahadan, sufilerden ve kelâmcılardan çoğunluğun görüşüne göre imkânsız görülmediğinden dolayı, ona yakın olmanın imkânsızlığı noktasından hareketle, yakınlığından söz eden her nassın te'vil edilmesine gerek yoktur. Diğer taraftan ona yakın olmanın caiz olması, imkânsız olmaması, yakınlığından söz edilen her yerde nefsiyle yakınlığının murad edilmiş olması da gerekmemektedir. Aksine, bütün bunlar caiz hususlar olarak kalır ve gelen nass incelenir. Eğer bu nass buna delalet edebiliyorsa, öylece kabul edilir, diğerine delalet ediyorsa ona göre kabul edilir. Bu ise daha önce geçtiği üzere gelmek ve varmak lafızlarında sözkonusudur.

Bir yerde onlara göre bizzat kendisinin gelişine nass delalet etmekle birlikte, bir başka yerde kendisinin azabıyla geldiğinin delili vardır. Nitekim yüce Allah'ın şu buyruklarında durum böyledir:

"Nihayet Allah onların binalarının temellerine geldi (yani temellerinden yıkmayı diledi)." (Nahl, 16/26)

"Fakat Allah'(ın azabı) onlara hesaba katmadıkları taraftan geldi." (Haşr, 59/2)

Bunun üzerinde iyi düşünmek gerek. Çünkü bu sıfatları reddedenler ile kabul edenler ve nassın bunlara delaleti üzerinde tartışanlar, bu noktada çoğunlukla hataya düşüyorlar.

Diğer taraftan bunu reddeden kimse ise orada sıfata delalet etmediğine göre, burada da delalet etmemektedir, demeye getirmek ister.

Hatta bazen bu sıfatı kabul edenler şöyle diyebilir: Burada bu sıfata delalet ettiğine göre başka nassta da aynı şekilde delalet edebilir. Hatta birtakım nassların ona delalet ettiğini görünce, şanı yüce Allah'ın sıfatları ile ilgili ayetlerden hangisini görürlerse, yüce Allah'ın sıfatlarına birisini daha eklediği zannına kapılırlar. Yüce Allah'ın şu buyruğunda olduğu gibi:

"Her bir nefis, 'Allah'ın yanında (kullukta) işlediğim kusurlardan dolayı yazıklar olsun (bana)' diyecek." (Zümer, 39/56)

Bu sıfatları kabul edenlerden de reddedenlerden de bazı kimseler bu hataya düşebilmektedir. Ve bu hatanın en büyüklerindendir. Çünkü her konuda delalet, ifadenin siyakına, onu çevreleyen lafzi ve hali delillere göredir. Bu durum yaratıklar için de böyledir. Pek çok yerde sıfat ile ilgili lafızlarla sıfatlardan başka şeyler anlatılmak istenmektedir. Buna dair faydalı iki örnek vermek istiyorum: Bunlardan bir tanesi "vech" (yüz) sıfatı ile ilgilidir. Hadis ehli Kilabiye, Eş'ariye ve Kerramiye gibi Sıfatiye'ye mensup kelâmcılar, bu sıfatı kabul ederken Mutezile ve başkalarının da yer aldığı Cehmiye ile Eş'ariye ve başkalarının yer aldığı Sıfatiye'nin görüşü, bu sıfatı kabul etmemek şeklindedir. Bu sebeple her iki kesimden olan bazı kimseler "vech"den söz edilen bir ayeti okuduklarında bunu anlaşmazlık noktalarından biri olarak kabul ederler. Bu sıfatı kabul eden kimseler, bu sıfatın başka şekilde te'vil edilemeyeceğine inanırken, bu sıfatı reddeden kişi de bunun sıfat olmadığına dair delil getirilebildiği takdirde diğer "vecih" kelimesinin geçtiği ayetlerin de böyle olacağı görüşündedir. Yüce Allah'ın şu buyruğu buna örnektir: *"Doğu da batı da Allah'ındır. Bundan dolayı nereye dönerseniz Allah'ın yüzü (vechullah) oradadır."* (Bakara, 2/115)

Allah'ın (c.c.) "vech" sıfatını kabul edenlerden ve reddedenlerden bazı kimseler, bunu sıfat ayetleri arasına katmışlardır. O kadar ki, İbn Huzeyme gibi bazı kimseler "ulaike" lafzını, sıfatın kabulünü doğrulayan hususlar arasında saymış, sıfatsız olarak "nafiye" ile tefsir edilmesini de anlaşmazlık noktalarında kendileri için delil kabul etmişlerdir.[132]

Bu nedenle yaptığımız bir toplantıda, bir araya geldiğimiz sırada şöyle demiştim: Bana muhalefet eden herkese üç yıl süre veriyorum: Seleften, zikrettiğime aykırı olarak bana tek harf dahi bulup getirirse, gerçekten benim aleyhime delil bulmuş olduklarını kabul edeceğim. Bu konuda ben de uğraştıkça uğraştım. Benim karşı görüşümü savunanlar da kitapları araştırmaya devam ettiler. Nihayet Beyhaki'nin "el-Esma ve's-

---

132 Burada, bir önceki âyette (Bakara, 2/114) geçen "ulaike" ile "ma" edatına işaret edilmektedir. (Çev.)

Sıfat" adlı eserinde yüce Allah'ın, *"Doğu da batı da Allah'ındır. Her nereye yönelirseniz Allah'ın yüzü oradadır"* ayeti ile ilgili söylediklerini ele geçirdiler. Orada şunu zikreder: "Mücahid ve Şafii'den rivayetle, burada "Allah'ın yüzü" ile maksadın, Allah'ın (c.c.) kıblesi olduğunu söylemişlerdir."

İkinci toplantımızda onların ileri gelenlerinden birisi şöyle söyledi: "Ben seleften bunun te'vil edileceğine dair bir nakil getirmiş bulunuyorum."

Ben onun neyi hazırlamış olabileceğini tahmin ettim ve şunları söyledim:

"Her halde sen onun, "Doğu da batı da Allah'ındır. Her nereye yönelirseniz Allah'ın yüzü oradadır" ayetiyle ilgili söylediklerini kastediyor olmalısın."

"Evet" dedi.

"Burada maksat Allah'ın kıblesidir" deyince, şöyle dedi:

"Bu ayeti Mücahid ve Şafii te'vil etmiştir. Bunların ikisi de seleftendir."

Ancak bu sözler benim sorumun cevabı değildi. Benimle tartıştıkları konuda "vech"in sıfat olması ve bu sıfatın Allah (c.c.) için olduğunun belirtilmesi sözkonusu olmuyordu. Bunlar benim söylediğim sözleri temel özellikleriyle ele almışlardı. Fakat cevaplarda da bu görüldüğü gibi, benim sözüm kayıtlayıcı idi. Böylelikle bu konuda onların hakkı söyledikleri görüşünü kabul etmedim. Aksine şunları söyledim:

"Bu ayet kesinlikle sıfat ayetlerinden değildir. Ve hiçbir zaman sıfat ayetleri te'vil edilmez diyen kimselerin sözlerinin genel kapsamı içerisine girmez."

Bana şunları söyledi:

"Peki, bu ayette "vech" ten söz edilmiyor mu?"

Ben, "Burada maksat Allah'ın kıblesidir" deyince, şunları söyledi:

"Bu sıfat ayetlerinden değil midir?"

Şu cevabı verdim:

"Hayır. Dolayısıyla bu ayet-i kerime anlaşmazlık konularından değildir. Ben burada "vech" ile ancak kıblenin kastedildiğini kabul edebilirim. Çünkü "vech" Arap dilinde, cihet ve yön anlamına gelmektedir. "Ben şu vechi kastettim" denirken, "şu tarafa doğru gittim" denilmek istenir. Yine "şu vech'e doğru yolculuk yaptım" denirse, "şu cihete yolculuk yaptım" denilmek istenir. Bu gibi örnekler pek çoktur ve bilinen şeylerdir. O halde "vech", cihet, yani yön demektir. Nitekim şanı yüce Allah şöyle buyuruyor:

"Herkesin (her ümmetin) yüzünü kendine döndürdüğü bir yönü (kıblesi) vardır." (Bakara, 2/148)

Yani herkesin yöneldiği bir cihet vardır. Burada yüce Allah'ın, "Kendisine yöneldiği bir kıblesi (viche)" buyruğu, "Her nereye yönelirseniz, Allah'ın yüzü oradadır" buyruğuna benzemektedir. Her iki ayet de lafız ve mana itibariyle birbirine oldukça yakındır, her ikisi de kıble ile ilgilidir. Vech ve cihet her iki ayette de şu anlamda zikredilmiştir: Nereye yönelirse yönelsin biz onun karşısında, yani kıblesindeyiz.

Dedim ki: Zaten ifadelerin akışı da buna işaret etmektedir. Çünkü yüce Allah, "Her nereye yönelirseniz" diye buyurmuştur. Buradaki "nereye" (eyne) zarftır. Yönelmek anlamında kullanılan kelime ise "tevella kökündendir. Buna göre anlam şöyle olur: Her nereye yönelirseniz, Allah'ın yüzü oradadır. Bu şekilde "Allah'ın yüzü", kendisine yönelinen yerdedir." diye ifade edilmiştir. Bu ifade ise yüce Allah'ın, "Doğu da batı da Allah'ındır." anlamındaki buyruğundan sonra yer alır ve bunlar bütün yönleri kapsamaktadır. Nitekim bir başka ayette de şöyle buyrulur:

"De ki: Doğu da Batı da yalnız Allah'ındır. O dilediği kimseyi dosdoğru yola kavuşturur." (Bakara, 2/142)

Bu şekilde Allah (c.c) bütün yönlerin yalnız kendisinin olduğunu haber vermiş oluyor. Böylelikle buradaki izafetin, bir tahsis ve bir teşrif izafesi olmuş olduğunun delili oluyor. Sanki ("Allah'ın yönü ve Allah'ın kıblesi" anlamında), "Cihetullah ve Kıbletullah" denilmiş gibidir. Fakat insanlardan bazı kimseler bundan muradın Allah'ın (c.c.) yönü, yani kıblesi olduğunu kabul etmekle birlikte, şöyle der: Bu ayet, sıfatın delilidir ve aynı şekilde kulun Rabbine doğru yöneldiğini de göstermektedir. Nitekim hadis-i şerifteki şu ifade de buna benziyor:

"Sizden herhangi biriniz namaza kalktığı zaman şunu bilsin ki Allah onun yüzünü döndürdüğü taraftadır.[133]

Yine şöyle buyrulmuştur:

"Kul kendisine doğru yüzüyle yönelmiş olduğu sürece Allah da ona doğru yönelir. Bundan vazgeçip yüzünü çevirecek olursa (Allah da) ondan yüzünü çevirir." Ve sözlerini, "Bu ayet her iki manaya da delalet etmektedir" diyerek sürdürür. Bu başka bir konu olduğu için burada açıklamasını yapmıyoruz.

"İşte Allah'ın kıblesi oradadır" denildiği takdirde, kesinlikle bu, üzerinde anlaşmazlık çıkacak türden ve sıfat ayetlerinin te'vil edilmesini kabul etmeyenlerin reddedeceği türden bir te'vil olmayacaktır. Bu sıfatları kabul edenlerin diğerlerine karşı delil olarak getirebilecekleri türden bir buyruk da değildir. Bu mana, özü itibariyle doğrudur ve ayet-i kerime ona delalet etmektedir.

Bununla birlikte eğer bir sıfatın sübutunun delili de oluyorsa, başka bir konudur. Geriye onların, "Allah'ın yüzü oradadır" sözünün anlamı, Allah'ın (c.c.) kıblesi oradadır, şeklindeki sözleri kalır. Acaba "cihet ve "vech" aynı şey olduğu için, kıbleye "vech" denilmesi türünden midir, yoksa Allah'ın vechine yönelmiş olan kimse Allah'ın kıblesine yönelmiş demek mi olur, konusuna gelince; bununla ilgili olarak genişçe

---

133 İbn Mace, İkame: 61, Mesacid: 14. 16

ele alınacak hususlar vardır ki, onların da yeri burası değildir. İkinci örnek ise, "el-emr" sözüdür. Şanı yüce Allah, *"Bir şeyi dilerse onun emri sadece ona "ol" demektir, o da hemen oluverir"* (Yasin, 36/82) buyruğu ile, *"Haberiniz olsun ki yaratmak da emretmek de yalnız O'nundur"* (Âraf 7/54) buyruğu ile bizi bu gerçekten haberdar edince, seleften bazı kimseler de bundan hareketle "emr" mahlûk değildir, aksine O'nun kelâmıdır ve bu ayet ve diğerlerinin gereğince sıfatlarından bir sıfat olduğuna dair delil getirince; pek çok kişi nerede "emr" kelimesi geçiyorsa, bu hükmü uygulamaya kalkışmış, "emr"i onun sıfatı olarak kabul edip bu "emr"in sıfat olma delaletini sürdürüp gitmiş, "emr" ifadesini sıfattan başka bir şeye delil olarak kabul etmeyi de bu iddianın zıddı olarak değerlendirmeye çalışmıştır. Oysa durum böyle değildir.

Ben bunu risalelerimin birisinde şu şekilde açıkladım: Emr ve benzeri diğer sıfatlar, bazen sıfat için kullanılmakla birlikte, bazen de sıfatın müteallaki, yani onunla ilgili bulunduğu şey için de kullanılmaktadır. Mesela; "Rahmet" Allah'ın (c.c.) bir sıfatıdır. Yaratmış olduğu şeye de rahmet denilir. Kudret de aynı şekilde yüce Allah'ın sıfatlarındandır. Kudret sonucu meydana getirilmiş olanlara da (makdur) kudret adı verilmektedir. Kudretin makdur ile taallukuna da kudret denir. Yaratmak da aynı şekilde yüce Allah'ın sıfatlarındandır. Ve O'na (yaratmak anlamına) "halk" adı verilmektedir. İlim de Allah'ın (c.c.) sıfatlarından biri olduğu halde, bilinen şeye veya bilinenle ilgili olan şeylere de "ilim" adı verilir. Görülüyor ki, bununla, kimi zaman sıfat, kimi zaman sıfat ile ilgili olan şey, kimi zaman da bizzat bu ilginin kendisi kastedilmektedir.

"Emr" mastardır. Bu emir ile memur edilen (emredilen) kimseye de "emr" adı verilir. Bu bakımdan İsa'ya (a.s.) "kelime"' adı da verilmiştir. Çünkü İsa (a.s.) kelime ile meydana gelmiş ve kelime ile olmuştur. Aşağıda söyleyeceklerimiz Cehmiye'nin sorularına da cevap oluşturmaktadır:

Cehmiye, "İsa Allah'ın kelimesidir ve mahlûktur. Kur'an da Allah'ın kelâmı olduğuna göre, mahlûktan başka bir şey olamaz" der.

İsa (a.s.), bizzat Allah'ın (c.c.) kelimesinin kendisi değildir. Ona bu ismin veriliş sebebi, diğer mahlûkların yaratılış kanununun dışında özel bir kelime ile yaratılmış olmasıdır ve bu kelime ile alışılmışın dışına çıkılmıştır. Ona "ol" denilmiş, o da olmuştur. Kur'an-ı Kerim ise Allah'ın (c.c.) kelâmının bizzat kendisidir.

"Yüce Allah'ın isimleri ve sıfatları" konusunda varid olmuş nasslarla ilgili olarak, nassların kimi yerde Allah'ın (c.c.) zatına, kimi yerde de zatının sıfatlarına delalet ettiğini düşünen bir kimse, hiçbir zaman aynı lafzın, aynı manaya gelmesinin gerekmediğini görecektir. Dolayısıyla, burada o sıfatı veya ismi kabul edenin iddiasını reddetmek, etmeyenin de iddiası ile tezat teşkil etmek üzere her yerde bir delil olarak görmeyecektir. Bunun yerine o her bir ayet ve hadisi kendi özelliği ve ifade bütünlüğü içerisinde ele alır. Kur'an ve diğer delaletlerden onun anlamını açıklığa kavuşturan deliller üzerinde durur. İşte bu, Kitap ve Sünnet'i anlamak ve bunları mutlak olarak delil kabul etmek konusunda oldukça faydalı ve büyük bir esastır. Aynı şekilde istidlal yollarını bilmek, itiraz, cevap, delili reddetmek, ya da onun zıddını ortaya koymak konusunda da oldukça faydalıdır. Hatta ihbari ve inşai bütün ilimlerde Kitap ve Sünnet'ten delil getirmek yahut karşı delil getirmek, mahlûkatın diğer delillerinde de oldukça faydalı ve önemlidir.

Allah'ın Kula, Şahdamarından Daha Yakın Olması:

Kulun Rabbine ve Rabbin de kuluna, bundan önce sözü geçen iki şekilden birisi, ya da her ikisiyle yakınlaşması imkânsız olmadığına göre nassın bu manaya delaleti sözkonusu ise; buna hamledilmesi de imkânsız olmaz. Eğer ona delil olamıyorsa, o manaya hamledilmesi de caiz değildir. Hem bu manaya, hem de diğer manaya tahammülü varsa, orada durulur. Bir cümlede kastedilmesi caiz olan bir anlamın, her nassda aynı olması gerekmez.

Daha önce Allah'ın (c.c.) ilmi, kudreti ve tedbiriyle kullarından asla ayrılmayan, yakınlığı konusundaki açıklamalar geçmiş ve nefsiyle bu şekildeki yakınlık hakkındaki farklı görüşlerden söz edilmişti. Onun arızi ve sürekli yakınlığı ile ilgili, üzerinde ittifak ve ihtilaf bulunan konular bundan önceki açıklamalardan öğrenilmiş bulunuyor. Şanı yüce Allah'ın, *"Andolsun ki insanı biz yarattık. Nefsinin ona ne vesveseler vermekte olduğunu da biliriz. Biz ona şahdamarından daha yakınız"* (Kaf, 50/16) anlamındaki buyruğu konusunda bazı kimseler için herhangi bir te'vil gerekli değildir. Kimisi de bunun te'vili gerektirdiğini kabul eder. Ben de diyorum ki; bu ayetle, ya bizzat yüce Allah'ın yakınlığı ya da meleklerinin yakınlığı kastedilmiştir. Nitekim bu konuda farklı görüşler bulunmaktadır. Eğer bundan maksat, meleklerin yakınlığı ise, bundan sonra gelen, *"Onun sağında ve solunda oturan iki alıcı (melek, onun sözlerini ve işlerini) kaydetmektedir"* (Kaf, 50/17) buyruğu ile şanı yüce Allah, bizzat kendi ilmi ile insanın nefsinde olanı haber verip, kiramen kâtibin meleklerinin ona yakınlığını bildirmiştir.

Bunun delili ise şanı yüce Allah'ın, *"Biz ona şahdamarından daha yakınız. Hani sağında ve solunda oturan, yaptıklarını tespit eden iki (melek) vardır"* buyruğudur. Böylelikle bu iki meleğin ona olan yakınlığı ile, bu yakınlık açıklanmış olur. Bu açıklama, hangi şekilde yapılmış olursa olsun, yüce Allah'ın ilim ve kudretinin taalluku geneldir. Aynı şekilde şanı yüce Allah'ın zatı bu şekilde bir vakit ile sınırlandırılamaz. Böylece bu ayet, yüce Allah'ın şu buyruğunun bir benzeri olarak anlatılmış olacaktır:

"Yoksa onlar gizlediklerini ve fısıltılarını işitmez miyiz sanırlar? Hayır, (hepsini işitiyoruz). Bizim elçilerimiz de yanlarındadır, (ne yaptıklarını) yazıyorlar." (Zuhruf, 43/80)

Surenin başında yer alan, "Onlardan (sonra) yerin neyi eksilteceğini muhakkak bilmişizdir. Yanımızda her şeyi hıfz (ve tespit) eden bir kitap da vardır" (Kaf, 50/4) buyruğu da bu türdendir.

Buna göre yakınlık" kelimesinde bir mecaz sözkonusu değildir. Asıl üzerinde durulacak konu, Melekler, resuller veya bizzat kendi zatı kastedilmesi halinde, "Biz ona daha yakınız" anlamındaki ilâhi buyruk üzerinde durulmalıdır. Ancak bunların her birisinin yakınlığı kendisine göredir. Meleklerin ona yakınlığı yalnız o anda olmakla birlikte, Allah'ın yakınlığı mutlaktır. Şanı yüce Allah'ın kastedilmesi halinde "vech" kelimesinin ikinci anlamında olduğu gibi, mana şöyle olur: "Biz ona şah damarından daha yakınız" sözünde zati ve lazımi (zatının gereği olan bir) yakınlık kastedilmiş olur. Bu konuda da iki görüş vardır:

Bunlardan birincisi bunun kabul edilmesidir. Kelâmcılardan bir grubun ve sufilerin görüşü budur.

Burada yakınlık ilim iledir. Çünkü o;

"Andolsun biz insanı yarattık, onun nefsinin ne ile vesvese vermekte olduğunu biliyoruz. Çünkü ona şahdamarından daha yakınız" diye buyurmuştur. Burada zikredilen "ilim" lafzı, ilim ile yakınlığa delalet eder.

Ebu Musa hadisinde de bu ayetin bir benzeri yer almaktadır:

"Sizler ne bir sağıra ne de bir gaibe dua etmiyorsunuz. Sizler her şeyi işiten ve çokça yakın olan birisine dua etmektesiniz. Gerçek şu ki, kendisine dua ettiğiniz zat, sizin herhangi birinize kendi bineğinin boynundan daha da yakındır.[134]

Bu durumda ayet, şanı yüce Allah hakkındaki yakınlığın ancak bu şekilde te'vil edilmesine ihtiyaç bırakır've zaten ifadelerin akışı (siyakı) da buna delil olmaktadır. Siyakın delalet

---

134 Buhari, Tevhid: 9; Meğazi: 38; Kader: 7; Müslim, Zikir: 44, 45.

ettiği ise hitabın zahirinin kendisidir. Bunlar üzerinde anlaşmazlık sözkonusu olmaz. Bizler yeterli olması halinde te'vil adını taşıyan her şeyi kötülemediğimizi daha önce açıklamıştık. Bizim kötülediğimiz, kelâmın yerinden kaydırılması ve tahrif edilmesi, Kitap ve Sünnet'e muhalefet edilerek Kur'anla ilgili şahsi görüşlere dayanarak ileri geri söz söylenmesidir.

Cevabın tahkiki konusunda şöyle söylemek gerekir: Onun kendi zatıyla lazımi yakınlığı ya mümkündür ya da değildir. Şayet mümkünse, bu ayetin te'vile ihtiyacı yoktur. Mümkün değilse, bu ayet-i kerime siyakının delalet ettiği anlama hamledilir; bu da onun ilmiyle yakınlığıdır. Bu görüşe göre, ya bu anlayış siyakın delalet ettiği hitabın zahiridir veya değildir. Eğer hitabın zahiri ise söylenecek bir söz yoktur. Çünkü bu durumda bir te'vil sözkonusu olamaz.

Eğer hitabın zahiri bu değilse, o takdirde buna hamledilmiş olur. Çünkü şanı yüce Allah, Kitab'ının birden çok yerinde kendisinin Arş üzerinde ve yüksekte olduğunu açıklamıştır. Buna göre O'nun, Kitab'ında birden çok yerde Arşın üzerinde olduğundan söz etmesi, bu ayet-i kerimede sözü geçen ilim ile birlikte ele alındığı takdirde, onun ilmiyle yakın olduğunu kastetmiş bulunduğunun delili olur. Çünkü bu tür ayetlerin muktezası, ayetin bu şekilde anlaşılmasının zahirine aykırıdır. Zahir ise, sarihe göre anlaşılır ve sarih, zahirin manasını açıklar.

Müslümanların ittifakıyla iki ayetten birisinin diğerinin zahiri ile tefsir edilerek sözün zahirinden başka bir mananın anlaşılması caizdir. Çünkü Ehl-i Sünnet'ten hiç kimse, isterse bunun adı te'vil ve manayı zahirinden uzaklaştırmak olsun, bunu mahzurlu görmemiştir. Çünkü bu konuda Kur'an'ın delaleti vardır. Diğer taraftan Sünnet de selef de buna muvafakat etmiştir. Çünkü böyle bir işlem, Kur'an'ın Kur'an ile tefsir edilmesidir; re'y (görüş) ile tefsir edilmesi değildir. Sakınılması gereken ise Allah'tan, Resulünden ve seleften gelen herhangi bir delil olmaksızın Kur'an'ın gerçek anlamından uzaklaştırılmasıdır ki, konu ile ilgili açıklamaları daha önce yapmıştık.

İmam Ahmed'in -Allah'ın rahmeti üzerine olsun- bu konuda müstakil bir risalesi vardır. O, aralarında çelişki olduğundan söz edilen ayetleri zikretmiş, bunların birlikte nasıl ele alınacağını açıklamış, iki ayetin birbirlerine aykırı gibi görünen durumlarını incelemiş, ya da onlardan birisini mecaza hamletmiştir. Onun bu konuda söylediği sözler meşhur imamlara göre daha fazladır. Çünkü diğerlerinin söyledikleri daha çok ameli meselelerle ilgilidir. İlmi meselelerde söyledikleri ise oldukça azdır. İmam Ahmed'in ilmî ve amelî meselelerde söylediği sözler pek çoktur. Çünkü bu konuda Kur'an ve Sünnet'te birçok delil vardır. Her kim onun mezhebinin bunu reddetmiş olduğunu söyleyecek olursa, ona iftira etmiş olur. Allah (c.c.) doğrusunu en iyi bilendir.

Şanı yüce Allah'ın (c.c), *"Kullarım sana beni soracak olurlarsa, gerçek şu ki, ben (onlara) çok yakınım. Bana dua ettiğinde dua edenin duasına cevap veririm"* (Bakara, 2/186) sözü ile ilgili söylenecekler Allah Resûlü'nün, *"Sizler ne bir sağıra, ne de bir gaibe dua ediyorsunuz, sizler her şeyi işiten ve çok yakın olan birisine dua ediyorsunuz. Kendisine dua ettiğiniz zat sizin herhangi birinize bineğinin boynundan daha yakındır*[135] sözü ile ilgili söylenecekler gibidir. Her kim buradaki yakınlığı onun bizzat lazımı bir yakınlığı, ya da arızi bir yakınlığı anlamında kabul ederse, söylenecek bir söz yoktur. Buna karşılık burada kasıt onun duaları işitmesi ve kabul etmesi ve buna bağlı şeyleri yerine getirmesidir, şeklinde söyleyecek olursa, onun bu söylediğine ifadelerin akışı da delalet etmekte olduğundan, zahire muhalif bir şey söylemiş olmaz. Yahut, "O'nun Arş'ın üstünde olduğuna delalet eden Kitap ve Sünnet'teki nasslar da bunun delilidir" derse o takdirde Kur'an'ın tefsir ve te'vili de Kitap ve Sünnet ile yapılmış demektir ve bunda da bir sakınca yoktur.

Bazı kimseler "maiyyet"te (beraberlik) de aynı yolu izlemiş ve şöyle demişlerdir: "İfadelerin siyakı (akışı) neye delalet

---

135 Müslim, İman: 293; 294; Ahmed: 4/401; İbni Mace, Mukaddime: 13.

ediyorsa -isterse bu delalet zahirin ve mutlak ifadenin aksine olsun- ona göre açıklanır ya da zahirin hilafına hamledilir. Çünkü şanı yüce Allah'ın ayetleri, onun Arş'ın üstünde olduğuna delalet etmektedir." Böylece onlar, Kur'an'ın bir kısmını diğer bir kısmı ile tefsir etmeye çalışır. Fakat bizler "maiyyet'in zahirinde bunu gerektiren bir şeyin olmadığını açıklamış bulunuyoruz. Çünkü bizler "mae" (birlikte, beraber) kelimesinin Kitap ve Sünnet'teki bütün kullanış şekillerini tespit ederek bunun herhangi bir ittisal (bitişiklik) ve iltihakı gerektirmediğini görmüş bulunuyoruz. O halde bunun zahirinin "bitişiklik" olarak anlaşılmasına, sonra da bunu başka şekilde yorumlamaya ihtiyacımız yoktur.

"Kurb" (yakınlık) kelimesi ise "yakınlaşmak" kelimesi gibidir. Yakınlığın zıttı da "bu'd" (uzaklık)dur. Kelimenin sözlük anlamı gayet açıktır. Ya ona hamledilir, ya da söylenen sözler, ifadelerin akışının delalet ettiği kabul edilen zahire göre yorumlanır veya diğer nassların delaleti dolayısıyla zahire aykırı olarak tefsir edilir. Taberani ve başkasının rivayetine göre, bazı kimseler Allah Resulüne, "Rabbimiz yakın mıdır ki O'na yavaşça seslenelim, yoksa uzak mıdır ki O'na bağırarak dua edelim?" diye sorunca, yüce Allah şu buyruğunu indirmiştir:

"Sana kullarım beni soracak olurlarsa, gerçek şu ki ben (onlara) çok yakınım. Dua etiği zaman dua edenin duasını kabul ederim." (Bakara, 2/186)

Allah'ım! Muhammed'e salât ve selâm eyle!..

Allah (c.c.) ile Kulun Birbirine Yakınlığı:

Bundan önce el-Müretteb'in ikinci cildinde kulun Rabbine yakınlaşması ve O'na gitmesini, Rabbinin kuluna yakınlığı ve O'na tecelli ve zuhur etmesini; bu konularda felsefecilerin, kelâmcıların ve Ehl-i Sünnet'in neleri kabul ettiklerini, bunların hepsinin kabul ettikleri arasında neyin hak olduğunu, Ehl-i Sünnet'in de neleri kabul ettiğini açıklamış bulunuyorum.

Diğer taraftan Ehl-i Sünnet, bid'at ehlinin bilgisizlikleri ve sapıklıkları dolayısıyla bilmedikleri pek çok şeyi de kabul etmektedir. Bu durum, bid'atçilerin bilgisiz olmaları ve yorumu kendilerine gelmediği şeyleri yalanlamaları sebebiyledir. Ancak bunların haktan kabul edip diğer nassları da ona göre te'vil ettikleri manalar güzeldir, sahihtir ve iyidir. Fakat dalalet, onların bu nassların ötesinde kalan şeyleri reddetmeleri cihetinden gelmiştir. Bunun örneği şudur: Felsefeciler "Vacibü'l-Vücud"u kabul etmekle birlikte, ruhun bedenden ayrı olduğunu, bedenden ayrıldıktan sonra baki kalacağını, ikisinin de ruhani olmak üzere nimet veya azap gördüğünü söylerler.

Aynı şekilde onlar bedenin birtakım güçlerini, salih ve salih olmayan nefsi kabul ederler. Bunların hepsi doğrudur. Ancak nassların bundan başka bir manaya gelmediklerini, bunun ötesinde bir hakkın bulunmadığını, cennet ve cehennemin de bunlardan ibaret olduğunu söylerler. Teolojik kitaplarda sözü geçen bu tür nitelemeler, ruhani âhireti anlatabilmek için verilmiş örneklerdir. Melekler ve cinler birtakım arazlardır ve bunlar salih ve fasid nefsin güçleri arasındadır. Ruh hareket etmez, ona kâinatın hakikatleri açılır ve böylelikle Allah'a yakınlaşmış olur. Resûlullah'ın -sallallâhu aleyhi vesellem- miracı da bu türdendir, derler. Bu tür bir red ve yalanlama ise küfürdür.

Yine kelâmcıların kabul ettikleri, kulun bedeniyle ve ruhuyla Rabbin nurunun zuhur ettiği semavat ve mescit gibi faziletli mekânlara yaklaşması, aynı şekilde meleklerin de böyle olduğu görüşleri doğrudur. Fakat onların Allah'ın zatına yakınlaşmadıkları, Allah'ın Arş üzerinde bulunmadığı iddiaları batıldır.

Doğrusu ise bunun kabul edilmesi, aynı şekilde nassların ifade etmiş olduğu, kulun Rabbine yakınlaşması; Rabbin, kullarına onlarla birlikte bulunan ve bulunmayan hicabları açmak suretiyle tecelli etmesi, yakınlığın ve tecellinin kendisine hak zuhur eden kul tarafından da bilindiği, Rabbine doğru yaklaşanın kulun ameli olduğu şeklindedir.

Rabbin yakınlaşması ve kula doğru gelmesi konularında, Ehl-i Sünnet arasındaki görüş ayrılıklarından, diğer taraftan kendilerini Ehl-i Sünnet'ten kabul eden cahil bazı kimselerin söylediklerinden de söz etmiş bulunuyorum. Bu gibi cahiller, bunları ispat eden haktan deliller gördüklerinde, bu delilleri tasdik etmekten kaçınırlar. Hatta, isterse onu kabul etmekte kendileri ile Ehl-i Sünnet arasında anlaşmazlık konusu ettikleri şey arasında çelişki olmasa ve hepsi de doğru olsa bile böyle davranırlar.

Hatta bazen kabulü üzerinde ittifak edilip ikrar edilen hususlar, üzerinde anlaşmazlık çıkan birtakım ikrarların ortaya konulup ispat edilmesinden daha da önemli olabilir. Çünkü bu daha açık ve seçiktir. Bu ise üzerinde anlaşmazlık çıkartanın kabul ettiği esas bir konudur. Böylelikle bid'atçilerin durumunda olduğu gibi bir çeşit yalanlama ve bir tür fitne, bir halin veya bir inancın reddi gibi bir durum ortaya çıkar. Bunun sonucunda her iki fırka da nassların gerektirdiği bazı konularda bid'at ve yalanlama içerisinde kalırlar. Bunun sebebi ise bunları kabul edenlerin kalplerinin bid'atçilerin reddettiklerini kabul etmeye meyletmiş olmalarıdır. Onlar bid'atçilerin sözlerinden nefret ederler. Çünkü bid'atçiler hakkı yalanlar ve reddederler. O bakımdan onlar da bid'atçilerin kabul ettikleri haktan bile yüzçevirir, ondan nefret ederler, ya da yalanlarlar. Nitekim, kendisini sünnet ehlinden kabul eden bazı cahillerin, Ali'nin -radıyallâhu anh- ve Ehl-i Beyt'in faziletinden yüz çevirmeleri buna benzer. Onlar bid'at ehlinin bu konuda aşırıya gittiklerini gördükleri zaman, böyle yapmaya kalkışırlar. Hatta bazı Müslümanlar, Yahudi ve Hıristiyanların bu konuda aşırı gitmeleri sonucu Musa (a.s.) ve İsa'nın (a.s.) faziletlerini bile kabule yanaşmamak noktasına ulaşırlar. Öyle ki, bazı cahillerin Hıristiyanların savaş esnasında Peygamberimize hakaret ettiklerini işitmeleri üzerine, İsa'ya (a.s.) hakaret ettiklerinden bile söze dilmektedir.

Cahillerden birisinin şöyle dediği rivayet edilir: "Onlar Ebu Bekir'e nasıl küfür ve hakaret ediyorlarsa, siz de Ali'ye küfür ve hakaret ediniz. Küfre karşı küfür, imana karşı iman..."

Rabbini bilip sevmesi halinde "sıfat" ile ilgili konularda da kulun durumu böyledir. Hatta Allah'tan başkasının tanıyıp, onu sevip ilâhlaştırması halinde bile böyledir. Bu tanınan, dille ve kalple sevilip hürmet edilen kişi o şekilde kalır ve bazen vecdin şiddeti, sevgi ve hürmet o derece ileriye gider ki, sevip hürmet ettiği kimse içerisinde boğulur ve kendisini unutarak onun içerisinde fena bulur (yok olur).

Bu şu olaya benzer bir durumdur: Adamın birisi bir başkasını seviyormuş. Sevilen bu adam denize düşünce diğeri de onun peşinden kendisini denize atmış. Sevilen kişi ardından atlayana, "Hadi ben düştüm, sen ne diye düştün?" diye sorunca şu cevabı vermiş:

"Seni kaybedince kendimi de kaybettim ve seni ben sandım."

Şairlerin söylediği de bu duruma benzerlik gösterir.

Hayalin gözümde, zikrin dilimde

Kalbim senin yerindir, sen nereye gidebilirsin?"

Bir başka şair de şöyle der:

"Kalbimde duruyor ve şenlendiriyor kalbimi

Onu unutmuyorum ki, hatırlamaya kalkışayım

O sevdiğim, hoşnut olduğum Mevlâm'dır

Ve ben O'ndan payımı fazlasıyla alıyorum."

Aradaki ittisalin (bitişiklik) güçlü olması sebebiyle bazı kimseler âlim ve arifin mâlum ve mâruf ile ittihat edeceğini (birleşeceğini), ileri sürmüşlerdir. Bazılarının görüşüne göre de seven sevdiği ile ittihad eder. Bu ya bir hatadır, ya da kelimenin anlamını genişletmektir. Bir çeşit ittihad olabilir. Bu taalluk edenlerin kendileriyle ittihadı şeklinde olur. İstenen, sevilen ve kendisiyle emredilen, hoşnut olunan, ya da kendisine kızılan şey ile ittihatta olduğu gibi. Ya da sıfatların türünde, irade, sevgi, emir, yasak, hoşnutluk ve kızgınlıktaki ittihatta olduğu gibi, birbirini seven iki kişinin ittihadı durumuna benzer. Bunun, oldukça geniş açıklamaları gerektirdiği açıktır. Biz bunlardan başka bir yerde söz edeceğiz.

Burada maksat şudur: Arif ve muhibbin kalbinde yer eden maruf ve mahbubun birtakım hükümleri ve sadık haberleri vardır. Şanı yüce Allah'ın şu buyruklarında olduğu gibi:

"O, gökte de ilah olandır, yerde de ilah olandır." (Zuhruf, 43/84)

"Göklerde ve yerde en yüce misal yalnız O'nundur." (Rum, 30/27)

"Doğrusu Rabbimizin şanı çok yücedir." (Cin, 72/3)

"Rabbinin yüce ismini tesbih et." (Âlâ, 87/1)

Yine namaza başlandığında okunan şu duada da aynı şey söz konusudur:

"Allah'ım, seni her türlü eksiklikten tenzih ederim. Sana hamd ederim. İsmin çok mübarektir, şanın çok yücedir ve senden başka hiçbir ilâh yoktur.[136]

Ariflerin kalplerinde asla zeval bulmayan bir istiva ve bir tecelli meydana çıkar ki, onu herkes kabul eder. Fakat Ehl-i Sünnet onun Arş üzerinde istiva ettiğini kabul ettikleri gibi, bid'at ehlinin bilmedikleri pek çok şeyi de kabul etmektedirler.

Şanı yüce Resulün şu buyruğunda olduğu gibi:

"(Yüce Allah kuluna şöyle diyecek:) Kulum, ben hastalandım sen beni ziyaret etmedin." Kul, "Rabbim, sen âlemlerin Rabbi olduğun halde seni nasıl ziyaret edebilirdim?" Yüce Allah şöyle buyurur: "Filan kulumun hastalandığını bilmiyor muydun? Şayet onu ziyaret etmiş olsaydın beni de orada bulacaktın." [137]

---

136 Müslim, Salât, 52, 217-221; Tirmizi, Mevakit, 65, Nesai, iflilah, 17-18.
137 Müslim, Birr: 43.

Bu şekilde yüce Allah, kendisinin kulunun yanında olduğunu haber vererek kulunun hastalığını kendi hastalığı gibi değerlendirmiş olacaktır. İnsan da bir emiri, bir bilgini ya da herhangi bir yeri sevebilir ve ona hürmet edebilir ve bu, onun kalbini kuşatarak o kişiyi çokça hatırlamasına sebep olabilir. Bu durum sözlerine ve amellerine de yansıyabilir. O kadar ki, "onların biri ötekidir" der. Nitekim "Ebu Yusuf, Ebu Hanife demektir' sözü de buna benzer.

Şu durum da sözünü ettiğimiz noktaya bazı yönleriyle benzemektedir: Nurlu cisimler ve başkaları şeffaf cisimlerde zuhur eder. Aynada, temiz suda ve benzerlerinde olduğu gibi. O kadar ki insan, bulanık olmayan bir suda güneşi, ayı ve yıldızları görebilir.

Nitekim şairlerden birisi şöyle demiştir: "Duru suya göğün şekli aksederse rüzgâr o suyu hareket ettirdikçe bulanır. Sen o duru suda hiç şüphesiz göğü görürsün. Aynı şekilde ay da yıldızlar da öyledir. Tecelli erbabının kalpleri de öyledir. Onların duruluklarında azim olan Allah görülür." Aynı şekilde biz de aynada, karşısındaki güneşi, ayı, varlıkların yüzlerini ve daha başka şeyleri görebiliriz.

Yine bazen bu aynanın karşısında, bir başka ayna da bulunabilir. Böylece ikinci aynada birincisinde görülen çifti de görürsün ve bu durum, bu şekilde birbirini takip edip gider. Bütün bu akseden görüntüler, biraz uzak bir yönden olmakla birlikte, sevilen ve hürmet edilenin adının sahifeler üzerinde yazı ile veya hat ile görünmesine benzemektedir. Bu hat ve yazı, mürekkeple, oymak suretiyle, ya da başka bir şekille meydana getirilmiş olabilir. Böyle bir yerde sadece ve sadece isminin harfleri, duygusu ve hareketi bulunmayan bir cisimde görünür. Düz ve parlak cisimlerde ise onun sureti zuhur eder. Fakat burada, bu zuhurun olduğu yerin şuuru ve hareketi dışında olmaktadır. Birincisi onun isminin zuhur yeri, ikincisi de zatının zuhur yeridir.

Kulların kalplerinde ve ruhlarında ise, bilinen, ibadet edilen ve büyük olan, hürmet edilen zat zuhur eder. İsimleri de onu fiilen ve sevenin kalbinde zuhur eder. İşte bu, başkasından daha mükemmel ve daha yüce bir şekildir, hatta hiçbir benzeri yoktur.

İşte onun şu yüce buyrukları buna işaret etmektedir: *"İşte (Allah) bunların kalplerine imanı yazmış ve katından bir ruh ile onları desteklemiştir."* (Mücadele, 58/22)

"Kim imanı inkâr ederse, artık onun ameli boşa çıkmıştır." (Maide, 5/5)

"Sizin iman ettiğiniz gibi iman ederlerse hidayet buldular demektir." (Bakara, 2/137)

"Onun benzeri hiçbir şey yoktur." (Şûra, 42/11)

"Allah yolunda mallarını infak edenlerin misali, bir tepede bulunan güzelce bir bahçenin haline benzer ki, üzerine bol yağmur düştüğünde ürünlerini iki kat verir." (Bakara, 2/265)

Rabbin, Ariflerin Kalplerinde Zuhur ve Tecelli Etmesi

Aklı başında hiçbir kimse bu kadarına muhalefet etmez. Çünkü bu, his ve idrak edilen bir konudur. Allah'ın (c.c.) varlığını kabul etmenin, hatta ne olursa olsun, herhangi bir şeyin varlığını kabul etmenin en aşağı derecesi budur. Aynı şekilde Allah'a ibadetin, O'nu sevmenin ve O'na yakınlaşmanın en aşağı derecesi de budur. Diğer taraftan bununla birlikte acaba kalp hareket eder mi? Seven ve arif olan ruh da öyle midir? Yoksa bir sıfattan başka bir sıfata geçmenin dışında hiçbir hareketi sözkonusu değil midir?

Birincisi: Genel olarak Müslümanların ve insanların büyük çoğunluğunun izlediği yoldur.

İkincisi ise, felsefecilerin ve onlara tâbi olanların yoludur. Çünkü onlara göre ruh ne bedenin içindedir, ne de dışında. Hareket de etmez, sükûn da bulmaz. Çoğunluk ise ruhun, ne olursa olsun sevilen ve istenen doğru hareket ettiğini kabul ederler. Kelâmcıların büyük kısmı da aynı şekilde mahbubun eser ve nurlarının zuhur ettiği şerefli mekânlara doğru hareketini kabul ederler. Ariflerin kalplerinin ve bedenlerinin semavata, mescitlere ve benzeri yerlere hareket etmesi gibi.

Enbiya, melaike ve onlara benzer diğer mahlûkların, mahbubun zatına doğru hareketleri de bu şekildedir.

Her iki grup da Rabbin, ariflerin kalplerine zuhur ve tecelli ettiğini kabul ederler. Bu ise onlara göre kalplerinde küfür ve cehalet yerine, iman, ilim ve mârifetin oluşmasıyla meydana gelir ve bu; mesel, had (târif) ve ismin semada va arzda hasıl olması demektir.

Yüce Allah'ın Arş'ın üstünde olduğunu yalanlayan Cehmiye ve Muattıla'ya mensup olan kimseler kulun ruhunun, ya da bedeninin Rabbin zatına doğru hareket ettiğini kabul etmezler. Selef bunları tekfir ediyordu. Hatta Selef arasında bu gibi kimseleri yetmiş iki fırkanın dışına çıkmış olarak kabul edenler de vardır. Allah'ın (c.c.) her mekânda olduğunu, ya da O'nun ne âlemin içinde, ne de dışında olduğunu söyleyenlerin durumu böyledir. Fakat Müslümanların geneli, ümmetin selefi ve bütün gruplardan olan sünnet ehli bunu kabul etmektedir. Kul, ruhunun ve bedeninin hareketi ile Rabbine yaklaşmış olur. Bununla birlikte onlar, ruhun ve bedenin şerefli mekânlara yaklaşmasını, kulun ruhunun ve bedeninin bir halden başka bir hale geçişini de kabul ederler.

Birincisine örnek, Resulullah'ın -sallallâhu aleyhi vesellem- miracı ile kulun ruhunun Rabbine yükselmesi, secde halinde ve başka durumlarda Rabbine yakın olmasıdır.

İkincisine örnek, Beytullah'a haccetmek suretiyle ve mescitlerde O'na yönelmektir.

Üçüncüsüne örnek ise, kendi evinde olduğu halde kulun, Rabbini zikredip dua etmesi, O'nu sevmesi ve ibadet etmesidir. Fakat bu iki halde de yine ruhun bizzat yüce Allah'a yakınlığını kabul ederek bütün bu türleri de bir arada değerlendirmiş oluyorlar.

Kullarına tecelli edip görünmesine gelince; Eş'ariye ve Küllabiye gibi sıfatiye kelâmcılara mensup kimseler bunu kabul etmişlerdir.

Rabbin Arşın üzerinde oluşunu reddedenler de, "Bu, yüce Allah'ın onların gözlerinde idraki yaratması ve engel olan hicabları kaldırması ile olur" derler.

Ehl-i Sünnet ise sahih hadislerde gelmiş olduğu gibi hem bunu hem de onun Rabbini görünceye kadar kuldan ayrı olan hicabları kaldırdığını kabul eder.

Yaratıcının Tenzihi:

Soru: Nassların zahirleri, adeta birbirlerini destekleyen ifadelerle onun cisim olduğunu veya böyle bir şeyi hissettirdiğini ortaya koymaktadır. Akıl ise, aziz ve celil olan, yoktan var edici Allah'ın (c.c.) bundan münezzeh olduğuna delalet etmektedir. O halde mümin için en doğru yol,"Bu (gibi nasslar) müteşabihtir, onun tevilini Allah'tan (c.c.) başkası bilmez" demek olmalıdır. Bunu söyleyen bir kimseye bir başkası kalkıp şöyle der:

"Hayır, bunun mutlaka bir kuralının olması gerekir. İşte sıfatlarda müteşabih ve başkaları arasındaki fark burada ortaya çıkar. Çünkü bütün sıfatlarda te'vil yapmamak iddiası batıldır. Hatta bazen bu küfre kadar götürür. Diğer taraftan bu, Allah'ın (c.c.) sıfatlarından hiçbir sıfatın anlamının bilinmemesi gibi bir durumu da ortaya çıkartır. O halde te'vil edilen ile edilmeyen arasında bir farkın bulunması kaçınılmazdır. Bunun üzerine böyle diyen kişi bu itiraza şu cevabı verir: Aklın delili, bunun cisim olabileceğini ortaya koyacak olursa, o takdirde bu müteşabih demektir. Acaba bu doğru mudur, değil midir? Bu konuda bize geniş bir açıklama yapar mısınız?

Cevap: Âlemlerin Rabbi olan Allah'a hamdolsun. Bu oldukça büyük ve son derece önemli bir meseledir. Hicretin ikinci yüzyılının başlarından itibaren öncekilerden de sonrakilerden de pek çok kimse, bu konuda şaşırıp kalmıştır. Birinci yüzyılda ise bu konuda Müslümanlar arasında bir anlaşmazlık yoktur. Ca'd b. Dirhem[138] ve onun arkadaşı Cehm b. Safvan[139] ve sıfatın inkârı üzerinde onların peşinden giden diğer kimselerin ortaya çıkmasıyla bu gibi tartışmalar görülmeye başlandı.

Sıfatları reddeden Cehmiye'nin sözleri ortaya çıkmaya başladı. Onlar şöyle dediler: "Çünkü sıfatların kabul edilmesi teşbihi (benzetme) ve tecsimi (cisimlendirmeyi) gerektirir. Hâlbuki, noksan sıfatlardan münezzeh ve şanı yüce olan Allah, bundan uzaktır. Çünkü sıfat dediğimiz şeyler ilim, kudret, irade ve benzerleridir. Bunlar ise başkalarıyla var olabilen birtakım araz ve manalardır. Araz ise ancak cisim ile var olabilir. Şanı yüce Allah ise cisim değildir. Çünkü cisimler sonradan yaratılmış (hâdis) arazlardan uzak kalamazlar. Hâdislerden uzak kalamayanın kendisi de muhdes, yani hâdistir."

Dediler ki: "Böylelikle bizler cisimlerin hâdis olduğunun delilini getirmiş olduk. Bu batıl olursa, cisimlerin hâdis olduğunun delili de batıl olmuş olur. O takdirde âlemin sonradan meydana gelmesine (hudus) dair olan delil de geçersiz olur. Buna bağlı olarak Sani'in (yüce Allah) ispatına dair olan delil de kendiliğinden geçersiz hale gelir."

Dediler ki: "Sıfatların kendileri olan araz ancak cisim ile var olabildiğine, cisim de parçalardan oluştuğuna göre, oluşan da (varlığı için) başkasına muhtaç olduğuna ve başkasına muhtaç olmaması ve kendi zatıyla vacibü'l-vücut olmasından söz edilemeyeceğine göre, şanı yüce Allah, başkasına ihtiyacı

---

138 Ca'd b. Dirhem: Kur'an'ın yaratılmış olduğunu ilk söyleyendir. Emevilerin son hükümdarlarından Mervan'ın hocasıdır.

139 Cehm b. Safvan: Hem Kuran'ın yaratılmış olduğu, hem de Cebrilik düşüncelerini Ca'd b. Dirhem'den almış ve bunları yaymıştır. Ca'd da bu düşünceleri Tahıl b. A'sam adlı bir Yahudi'nin öğrencisi olun İban b. Senran'dan öğrenmiştir.

olmadığı için, kendi zatıyla vacibü'l-vücut'tur. (O halde O'nun sıfatları olamaz)."

Dediler ki: "Cisim sınırlı ve sonludur. Eğer Allah'ın sıfatları bulunacak olsaydı, O da sınırlı ve sonlu olacaktı. Bu durumda O'nu şu kadar değil, bu kadar olmakla sınırlandıran bir sınırlayıcının bulunması da kaçınılmazdır. Bir sınırlayıcıya ihtiyaç hissettiren ise, başkasından müstağni, kadim ve kendi zatıyla vacibü'l-vücut olamaz."

Yine dediler ki: "Eğer O'nun varlığının sıfatları olsa hiç şüphesiz bir cismi olurdu. Bir cisim olsaydı elbette ki, diğer cisimlere benzerdi. O takdirde diğer cisimler hakkında sözkonusu olabilenler O'nun hakkında da sözkonusu olur, olamayan şeylerde O'nun hakkında sözkonusu olamazlar. Bu ise yüce Allah için düşünülemez, imkânsızdır.

Cehm b. Safvan ve diğer aşırı giden Karamita ve filozoflar benzen şeyler ekleyerek şöyle derler: "O'nun şey, hayy gibi birtakım isimleri yoktur. Çünkü bu tür isimlerden bir ismi bulunursa, hayat ve ilim gibi isim anlamına olan birtakım niteliklere de sahip olması gerekirdi. Çünkü müştakın doğruluğu, kendisinden iştikak olunanın da doğruluğunu gerektirir. Bu ise onunla birlikte sıfatların kaim olmasını beraberinde getirir ki, bu da imkânsız bir şeydir. Çünkü O'na bu isimler verilecek olursa, bu isimlerin, O'ndan başkasına da ad oldukları unutulmamalıdır. Şanı yüce Allah ise başkasına benzemekten münezzehtir."

Diğer başkaları bu aşırılıklara başka şeyler ekleyerek şunları söyler: "O'nun hakkında ne var olmaktan, ne de yok olmaktan söz edilebilir, O'nun hakkında vardır da denilemez, yoktur da denilemez. O Hayy'dır da denilemez, değildir de denilemez. Çünkü varlığının kabul edilmesinde, O'nu var olan şeylere benzetmek, reddedilmesinde ise yok olanlara benzetmek sözkonusudur. Bütün bunlar ise başlı başına birer benzetmedir.

İşte bu Cehmiye mensubu kimseler ortaya çıkınca, selef ve imamlar onların bu söylediklerini kabul etmeyerek reddetmiş, karşı çıkmışlar, dinen onlara gösterilmesi gereken tepkiyi göstermişlerdir. Bu tür inanışlar önceleri gizli idi. Sözkonusu bu gizlilik birinci yüzyılın sonları ile ikinci yüzyılın başlarında Harun er-Reşid'in oğullarının devleti yönettikleri dönemde Cehmiye'nin ortaya çıkıp güçlenmesi ile meydana çıktı. İnsanları bilinen şekilde mihnete düşürdüler. Onlardan Kur'anın mahlûk olduğunu ve buna bağlı olarak diğer görüşleri -rü'yetin ve sıfatların inkârı gibi- kabul etmelerini istediler. Bütün bunlar ise Kur'an'ın birtakım arazlar topluluğu olduğu tezinden hareketle yapılıyordu. Onlara göre, eğer Kur'an Allah'ın (c.c.) zatı ile kaim olacak olursa, Allah'ın (c.c.) zatı ile araz da kaim olur, o takdirde teşbih ve tecsim de kaçınılmaz olur.

Cehmiye ile birlikte bir başka topluluk ortaya çıkarak yüce Allah'ı mahlûkatına benzettiler. O'nun sıfatlarını, yaratıkların sıfatları türünden kabul ettiler. Selef ve imamlar, Muattıla'nın (Cehmiye) görüşlerini reddettiği gibi, Mümessile'nin (Müşebbihe) görüşlerini de reddettiler. Mutezile'nin imamı Ebu'l-Huzeyl el-Allaf[140] ve onun benzeri sıfatı reddeden kimseler idi. Bunlar dediler ki: "Bu durumda Allah'ın (c.c.) cisim olması gerekir. Şanı yüce Allah ise cisim olmaktan münezzehtir. Diğerleri ise şöyle dediler: "Bilakis O bir cisimdir. Cisim ise kendi nefsi ile var olan ya da kaim olandır."

Veya başka türlü birtakım sözler söylediler ve cismi kabul etmeyenlerin delillerini burada soruya ayırdığımız cevap miktarını aşacak kadar uzun sözlerle eleştirmeye çalıştılar.

Diğer taraftan bunlar arasında şunu söyleyenler de olmuştur: O bir cisimdir, fakat diğer cisimler gibi değildir." Yine onlar arasından mahlûkatın özellikleriyle O'nu nitelendirenler de çıktı. Bu iki gruba mensup olanların her birisine ait oldukça çirkin sözler nakledilmektedir.

---

140 Mutezile'nin Basra okulunun reisidir. Ölümünün 226/840 İle 235/841) yılları arasında olduğu zikredilir (Bağdadi, a.g.c. s. 60).

Daha sonra Ebu Muhammed b. Küllab geldi o ve onun peşinden gidenler şöyle dedi: "Yüce Allah sıfatlarla mevsuftur. Ancak sıfatlar araz değildir. Çünkü bu sıfatlar kadim ve bâkidir. Bunlar sonradan arız da olmazlar, zeval de bulmazlar. Fakat, hareketler gibi fiillerle kaim olan vasıflarla nitelendirilemezler. Çünkü bunlar sonradan arız olur ve zeval de bulurlar.

İbn Kerram ve ona tâbi olanlar da şöyle der: "Fakat o, bunlar arazdır denilecek olsa bile, sıfatlarla muttasıftır. Hâdis bile olsalar kendi nefsiyle kaim, fiillerle muttasıftır." Kendilerine, "Bu durum O'nun cisim olmasını gerektirir" denildiğinde de şu cevabı verdiler: "Evet. O cisimdir, fakat diğer cisimler gibi değildir." Bu durumu ise her zaman için imkânsız, muhal olamaz. Mümteni' (imkânsız) olan. O'nun için vacip, caiz ve mümteni' olan bütün konularda mahlûkata benzemesidir.

Onlar arasından şöyle diyenler de olmuştur: "Ben sadece cisim lafzını O'nun için kullanıyorum, anlamını kastetmiyorum." Bu kelamcı ve bu tür teorilerle uğraşanlar arasında oldukça uzun araştırmalar ve bahisler vardır ki, başka bir yerde onlardan yeteri kadar söz etmiş bulunuyoruz.

Selef ve imamlara gelince, onlar ister red, ister kabul etmekle ilgili olsun, bid'at olarak ortaya çıkardıkları hiçbir konuda bu gruplardan herhangi birisi ile birlikte olmadılar. Bunun yerine onlar Kitab'a ve Sünnet'e dört elle sarıldılar. Sarih akla en uygun olanın bu olduğu görüşünde birleştiler. Bu bakımdan Kitap ve Sünnet'te bize ulaşan manalarının hakikati bilinmese de O'nun isim ve sıfatlarını, kendisine iman edilmesi gereken bir hak olarak kabul ettiler. İnsanların ortaya atıp bir kısmının kabul ederken, bir başkalarının reddettikleri her bir kelimeye ve söze gelince; o lafzı söyleyenin amacını anlayıncaya kadar, onu red de kabul de edemeyiz. Eğer bu lafızdan muradı hak ise Resullerin, Kitab'ın ve Sünnetin getirdiklerine -reddetmek veya kabul etmek bakımından- aykırı düşüyorsa bu tür sözleri söylemeyi kabul etmeyiz (dediler): ve Kur'an'ın getirmiş olduğu yolun hem sarih akla, hem de sahih nakle uygun olan yol olduğu görüşünde birleştiler. Bu yol ise, peygamberlerin ve Resullerin izlediği yoldur.

Gerçek şu ki, Allah'ın Resulleri (salât ve selâm onlara) mücmel bir nefy ve mufassal bir ispat ile gelmişlerdir. Bu bakımdan şanı yüce Allah şöyle buyurmuştur:

"İzzet sahibi olan Rabbin, onların (müşriklerin) nitelendirdiklerinden münezzehtir. Resullere selâm olsun ve âlemlerin Rabbi olan Allah'a hamdolsun." (Saffat, 37/180-182)

Bu şekilde şanı yüce Allah, resullere muhalefet edenlerin nitelendirdikleri her şeyden kendisini yüceltmiş, tenzih etmiş, diğer taraftan resullere de selâm etmiştir. Çünkü onların söyledikleri, eksiklikten ve kusurdan uzaktır. Resullerin izlediği yol ise, Kur'an-ı Kerim'in getirmiş olduğu yoldur. Şanı yüce Allah Kur'an-ı Kerim'de sıfatları ayrıntılı bir şekilde ispat ederken, teşbih ve temsili de toplu olarak (icmalen) reddetmektedir.

O, Kur'an-ı Kerim'de her bir şeyi bildiğini ve her şeye kâdir olduğunu açıklamaktadır. Aziz, Hâkim, Gafur, Rahim, Semi', Basir, Vedud olduğunu belirtmektedir. O şanı yüce zatının azametiyle birlikte müminleri sever, onlardan razı ve hoşnut olur. Kâfirlere karşı gazap eder ve onlara kızar. O gökleri ve yeri altı günde yarattı, sonra da Arş'ın üzerine istiva etti. Musa ile özel bir şekilde konuştu. Dağa tecelli ederek onu paramparça etti. Ve buna benzer diğer haberler...

Red konusunda şöyle buyurur:

"O'nun benzeri gibisi yoktur." (Şûra, 42/11)

"Sen O'na bir adaş bilir misin?" (Meryem, 19/65)

"Allah'a misaller (benzerler) icat etmeyin." (Nahl, 16/74)

"De ki: O Allah, bir ve tektir. Allah, Samed'dir. Doğmamıştır, doğurmamıştır ve hiçbir kimse O'nun dengi değildir." (İhlâs, 112/1-4)

Böylelikle sıfatı ispat ederken, mahlûkata benzerliği de nefyetmektedir.

Selefin izlediği yol tahrif, ta'til, tekyif ve temsil sözkonusu olmaksızın, yüce Allah'ı kendi zatını kendisinin ve resulünün vasfettiği şekilde nitelendirmektir. Resullere muhalefet edenler ise, onu olumsuz (selbi) sıfatlarla nitelendirirler: Şöyle değil, böyle değil, derler. Kendilerine, "Onun için sabit, yani olumlu sıfatlardan bahsediniz" denilecek olursa: "O mutlak vücuttur veya sıfatsız bir zattır"' derler.

Sarih akıl ile bilinmektedir ki, mutlaklık şartı ile birlikte mutlak, ancak zihinlerde vardır. Ayanda öyle bir şey yoktur. Şartsız mutlak ise, hariçte asla bulunmaz. Ancak tayin edilmiş olarak var olur. Böylelikle Rabbin onlar açısından mahlûkattan farklı bir hakikati olmamış olur. Aksine ya O'nu geçersiz kılarlar yahut da mahlûkatın varlığı olarak görürler veya mahlûkatın bir parçası ya da niteliği olarak kabul eder, mücmel lafızların manalarından ise uzak dururlar.

Herhangi bir kesim, "Allah bir yöndedir ya da bir mekândadır" diyecek olur; bir başka kesim ise, "Allah herhangi bir yönde veya bir mekânda değildir" derse; sizler bu sözleri söyleyen her bir kesime amacının ne olduğunu sorunuz. Çünkü yön ve mekân lafızları mücmel ve müşterek lafızlardır. O zaman şöyle diyeceklerdir: "Halık ve mahlûktan başka mevcut yoktur. Şanı yüce Allah ise mahlûkatından ayrı ve münezzehtir. Çünkü O, mahlûkatı kendisinden farklı, kendisinden ayrı ve kendi zatının dışında olarak yaratmıştır. Mahlûkatı içerisinde O'nun zatından hiçbir şey olmadığı gibi, O'nun zatında da mahlûkatından hiçbir şey yoktur. Şayet farklı olmamış olsaydı, ya onlarla iç içe, onlara hulul etmiş, ya da onlar O'nun içerisinde yer almış olacaktı. Ya da O, mahlûkatından ayrı ve farklı değildir. Onlarla iç içedir, bu takdirde yok demek olacaktır. Şanı yüce Allah, bütün bunlardan da münezzehtir.

Sıfatları reddeden Cehmiye mensupları, bazen hulul ve ittihadı gerektirecek sözler söylerler, ya da bunu açıkça belirtirler; bazen de inkârı ve ta'tili gerektirecek türden sözler söylerler. Sıfatları reddedenler, aslında hiçbir şeye ibadet etmemekte, kabul edenler de her şeye ibadet etmektedirler. Şu da denilmektedir: Eğer Halık ve mahlûkun dışında hiçbir varlık söz konusu değilse, Halık mahlûktan ayrı ve farklıdır.

Bir kimse, "O bir yöndedir ya da hiçbir yönde değildir" derse, ona şöyle denir. "Cihet ya var olan bir şeydir ya da yoktur. Var olan bir şey ise ve Halık ve mahlûktan başka bir şey de yoksa Halık da mahlûktan ayrı ve farklı ise, o bakımdan Rab yaratılmış ve var olmuş hiçbir yönde olamaz. Eğer yön olmayan bir şey ise, mesela âlemin ötesine yön adı verilmekte ise; şayet Halık âlemden farklı ve ayrı ise, bu sefer "âlemin ötesi" ismi verilmiş bir yön olur. O var olan bir şey değilse o takdirde Allah (c.c.) var olmayan bir yöndedir demektir. Fakat; "O yokluk içerisindedir" diyenin sözü ile, "Kendisinden başka hiçbir şey içerisinde değildir" diyenin sözü arasında fark yoktur. Çünkü yok olan bütün akıl sahiplerinin ittifakıyla hiçbir şey değildir.

Şüphesiz ki onlar "yön" (cihet) sözcüğü ile kimi zaman var olan bir manayı, kimi zaman da olmayan bir manayı anlatmak isterler. Hatta aynı kişi söylediği sözlerde bir anda şunu da ötekini de kastedebilmektedir. Şayet bu tür ihtimaller ortadan kaldırılacak olursa, o takdirde işin hakikati ortaya çıkmış olur. Birisi, "Eğer Rab bir yönde bulunursa o yönde de onunla birlikte kadim olması gerekir" derse, ona şöyle söylenir: "Senin bu söylediğin söz, yön ile onun dışında bir başka mevcudun var olması kastedilecek olursa böyledir. Bu değerlendirmeye göre Allah (c.c) hiçbir yönde değildir."

Bu kişi, "Eğer Rab görülecek olursa, mutlaka bir yönde olacaktır. Bu ise muhaldir" derse, ona şöyle denir: Eğer sen bu sözlerinle 'Var edilmiş, yaratılmış bir yönde olur" demek istiyorsan bu imkânsızdır. Çünkü var edilmişin (mevcut) görülmesi mümkündür. Örneğin; âlem gibi kendisinden başka bir mevcudun içerisinde olmasına bile, O'nun sathının görülmesi mümkündür ve bu âlem bir başka âlemin içerisinde değildir. Eğer bu kişi, "Yok bile olsa, yön adı verilen bir şeyin içerisinde mutlaka bulunması gerektiğini anlatmak istedim. Çünkü âlemden ayrı ve farklı olacak olursa, zaten âlemin ötesine yön adı verilmiş demektir" derse; ona, "O zaman ne diye bu itibara göre 'Eğer o bir yöndedir denilecek olursa, bu imkânsızdır' dedin?" diye sorulur. "Çünkü âlemden farklı olup gözle görülen ancak cisim ya da mütehayyiz lafızları üzerinde de durulmalıdır. Bu sefer ona şöyle denir: Mütehayyiz kelimesi ile başkası tarafından kuşatılan ve ihtiva edilen şey anlatılmak istendiği gibi, başkasından ayrı ve farklı olan şey de anlatılmak istenir. Yani, böylelikle mütehayyiz başkasından değişik ve ayrı bir yer tutan olur. Sen mütehayyiz kelimesi ile birincisini kastediyorsan şanı yüce Allah mütehayyiz olmaktan yücedir. Çünkü O, mahlûkattan ayrı ve farklıdır ve başkası tarafından kuşatılamaz. İkincisini kastediyorsan o şanı yüce olan Allah, mahlûkatından ayrı ve farklıdır ve onlardan bağımsızdır. Kesinlikle o mahlûkatına hulul ve onlarla ittihat etmemiştir.

İşte bu geniş açıklama ile karışıklık ve sapma ihtimalleri ortadan kalkar. Aksi takdirde Esma ve Sıfat'tan herhangi bir şeyi reddeden herkes, bunları kabul eden kimseleri mücessim ve tahayyüz ve ciheti kabul eden kişi olarak nitelendirir. Mutezile ve benzerleri, "Allah özel bir hayat ile Hayy'dır, özel bir ilim ile Âlim'dir, kudreti ile Kâdirdir, işitme ile Semi'dir, görme ile Basir'dir, kelâm ile Mütekellim'dir" diyen Sıfatiyyeyi Mücessime, Müşebbihe ve Haşviye diye adlandırırlar. Hâlbuki, Sıfatiye selefin kendileridir, büyük imamlardır. Diğer taraftan Kilabiyye, Kerramiye. Eş'ariye ve Salimiyye ile bu ümmete mensup diğer taifelerden olup sıfatları kabul eden bütün kesimler, sıfatları kabul etmeyen Cehmiye, Mutezile ve bir grup felsefeci bunlara şöyle demiştir: Sizler Allah'ın hayat, kudret ve kelâm gibi sıfatlarını kabul ederseniz, bunlar arazdır. Araz ise ancak bir cisim ile ayakta durabilir. Eğer siz onun gördüğünü söylüyorsanız, ancak bir yönde bulunup bir yeri gözetleyen için görmek sözkonusu olur. Bu ise temsili gerektirir. Şayet Eş'ariler ve onlara uyanlar, "Bizler bu sıfatları kabul etmekle birlikte bunlara araz adını vermeyiz. Çünkü araz, mahallinde ârız olan şeyin adıdır. Bu sıfatlar ise bakidir ve asla zeval bulmaz" diyecek olurlarsa, bu sıfatları reddedenler onlara şöyle der: "Bu lafzî bir tartışmadır. Çünkü araz size göre -bu muhal var olduğu sürece- mahallinden asla ayrılmayan ile mahallinden ayrılması mümkün olan kısımlara ayrılır. Birincisi, cismin mütehayyiz olması, hatta insan için hayatiyet ve nutuk sahibi olması gibidir. O insan olarak kaldığı sürece bu sıfat ondan ayrılmaz.

Sizin, "Araz iki ayrı zaman dilimi içinde kalmaz" sözünüze gelince; bu diğer bütün akıllılar arasında tek başınıza ileri sürdüğünüz bir görüştür. Siz bununla hissedilen şeylere ters düşüyorsunuz. Amacınız bu tür mugalatalarla bu gibi susturucu delillerden kurtulabilmektir. Hem siz onun emsalinin teceddüdünü söylüyorsunuz ki, bu arazın kalıcı oluşunun anlamını ortaya koyar. Bu sizin, onun hakkında, "Yüzyüze gelmeden veya arkasını dönmeye gerek kalmadan görür, onu gören de herhangi bir yöne dönmeksizin onu görür" demeniz gibidir. Bu da bütün akıllılar arasında tek kaldığınız, hisse ve akla ters düştüğünüz bir iddiadır.

Sıfatları reddedenler onlara şöyle derler: Böylelikle sizler teşbihi ve haşvi gerektiren şeyleri kabul etmiş, ya da telazümü nefyedip sarih akla ve zarurete muhalefet etmiş oldunuz. Bu bakımdan sizin ileri gelen otoriteleriniz şu sonuca varmışlardır: Sizler hakikatte yüce Allah'ın görüleceğini kabul etmemekte bizimle aynı görüşü paylaşmaktasınız. Fakat sizler Ehl-i Sünnet ve'l-Cemaat diye meşhur olmuş bulunan "Haşviye"nin yanında bu rü'yet meşhur olduğundan dolayı onu kabul eder görünürsünüz. Tâ ki sizin hakkınızda, siz de onlardansınız, denilinceye kadar... Ya da sizler bu rü'yeti bir çelişki olarak kabul etmiş bulunuyorsunuz. O halde sizler çelişki ile yağcılık arasında gidip gelen bir kesimsiniz.

Eğer kişi sıfatı reddedip, kelâmın öncüleri olan Mutezile'nin yaptığı gibi, Allah'ın Esma-i Hüsna'sını kabul eden kimselerden ise, bu sefer Allah'ın Esma-i Hüsna'sını reddeden kimseler ona Karamita, Hakimiye ve Batıniye'nin ve başkalarının yaptığı gibi "Müşebbih, Haşvi ve Mücessim" adını verirler. Ve ona derler ki: "Onun mevcut, Hayy ve Kâdir olduğunu söyleyecek olursanız işte bu teşbih, tecsim ve haşv'i kabul etmek demektir. Çünkü bunlar kabul edilecek olursa, bunlarla diğer mahlûkata benzemiş olacaktır. Çünkü hayy, ve kâdir olan bir varlığın, aklen cisimden başka bir şey olmasına imkân yoktur ve bütün bu isimler sıfatları, sıfatlar ise cisimleri gerektirir.

Eğer kişi aşırı Cehmiye'nin Karamita ve felsefecilerin yaptığı gibi, isimleri ve sıfatları reddeden kimselerden ise, o takdirde, yüce Allah'ın mevcut olduğunu kabul etmekten başka bir çaresi olmayacaktır.

Bu durumda o reddedenler de ona şöyle diyecektir: "Sen mücessim, müşebbih ve haşvînin tekisin. Çünkü eğer o mevcut ise var olmak, vücut bulmak anlamında, başkası da onunla ortaktır ki, bu teşbihtir. Çünkü cisim ya da bir cisim ile ayakta kalabilen şeylerden başkasının mevcut olması, aklen mümkün değildir. O takdirde bu kişi şunu söylemek zorunda kalır: Ne vardır, ne yoktur, ne hayy'dır, ne ölüdür veya var da değildir...

Böylece aynı anda iki çelişiğin de reddedilmesi ve iki çelişiğin anlamında olan her şeyin de reddedilmesi gerekir. Bu ise aklın apaçık gerçekleri karşısında batıl olan en büyük konulardandır. Bununla birlikte onların söyledikleri kıyasa konu edildiği takdirde, onun imkânsız olanlara benzetilmesi gerekecektir. Çünkü var da olmayan, yok da olmayan bir şeyin kesinlikle bir hakikati yoktur. Yani ne varlığı, ne de yokluğu sözkonusudur. Bilakis, bu sadece zihinsel olarak düşünülebilen, fakat âyanda asla gerçekleşmeyen bir şey olur. Bununla birlikte bu tür iddialar açık küfrün de kendisidir.

Eğer onun kadim ve vacibü'l-vücudu tümden reddettiği kabul edilirse, bütün küfür çeşitlerinin esası olan böyle bir küfürle birlikte, o zorunlu hükümlere karşı da inat etmiş demektir. Çünkü biz mevcudatı görüyoruz ve her bir mevcudun ya kadim yahut da muhdes olduğunu biliyoruz. Onlar ya kendi nefsiyle vacip, ya da başkası tarafından var edilmiş nefsiyle mümkündür. Her muhdes ve nefsiyle mümkün olan ise, başkasıyla vardır, yani başkası tarafından yaratılmıştır. O bakımdan onun var edilmesi için bir kadimin ve kendi nefsiyle vacip birisinin varlığı kaçınılmazdır. Var olmak, zorunlu olarak kadim bir mevcudun varlığını kabul etmeyi gerektirir. Varlıklar ise varlığı mümkün ve muhdes olanlardır. Nitekim hayvan ve bitki gibi muhdes varlıklarda bunu görüyoruz.

Akılların zorunlu kıldığı bir gerçek olarak varlık arasında kadim ve kendi nefsiyle vacip olan bulunduğu gibi, muhdes (sonradan var edilmiş) ve nefsiyle mümkün varlık da vardır. Bu iki varlık, "varlık" olarak adlandırılmakta birleşirler. Fakat birisi diğerinden varlığının özelliği ile ayrılmıştır. Bu iki farklı varlık arasındaki, ortak özellikleri ve aralarındaki farklılığı kabul etmeyen bir kimse, ya bütün varlıkları kadim ve kendi zatlarıyla vacip kabul edecek, ya da hepsini muhdes, mümkün ve var olmak için başkasına muhtaç olan varlıklar olarak kabul edecektir. Bu iki kabulün de zorunlu olarak fasit kabuller olduğu açıkça bilinmektedir. O halde varlıklar arasında bir açıdan ortak özelliğin, diğer bir açıdan da farklılığın kabul edilmesi kaçınılmaz oluyor. Bizler şunu diyoruz: Var olan yaratıcı diğer bütün varlıklardan o kadar büyük farklı özelliğe sahiptir ki, bu özellik onun dışında kalan bütün varlıkların birbirlerine olan farklılıklarından daha büyüktür. Eğer "Melik" ile "'Sivrisinek" aralarındaki büyük farklılıklara rağmen varlık ve dirilikle nitelendirilmekte ortak iseler, şanı yüce Halık'ın mahlûkatından farklı ve ayrı olması daha da öncelikle sözkonusudur. İsterse birtakım isim ve sıfatlarda birbirleri arasında uygunluk bulunsun...

Akıl, Tecsime Delalet Eder mi?

Şimdi bu öncül açıklık kazandığına göre, kalkıp, "Akli delil tecsime delalet edecek olursa, bu müteşabih olur" diyen kimsenin sözü, anlaşmazlığı sona erdirebilecek türden bir söz olmaz. Bundan herhangi bir yarar elde edilemeyeceği gibi sahih olanla sahih olmayan, doğru olanla doğru olmayan arasındaki fark da belirginlik kazanamaz. Çünkü sıfat ve isimlerden herhangi bir şeyi reddeden bir kişi, mutlaka bunun tecsime delalet ettiğine dair akli bir delile sahip olduğunu ve dolayısıyla bunun müteşabih olduğunu zanneder. Yine onun zannına göre; o takdirde bütün isim ve sıfatlar müteşabih olmalıdır. O zaman mutlak bir ta'tilin gereği ortaya çıkar. Şanı yüce Allah'ın isim ve sıfatlarının hiçbir manası anlaşılmaz. Hayy ile Alîm, Kadir ile Rahim, Cebbar ile Selam arasındaki anlam farkı ortaya çıkmayacağı gibi, yaratmak ile istiva etmek; öldürmek ile hayat vermek; gelmek ile gitmek; affetmek ile mağfiret etmek arasındaki bir anlam ayrılığı da belirginleşmez.

Bunu açıklayalım: Cehmiye, Mutezile, Karamita, Bâtıniye ve felsefeciler arasından, onların izinden gidip sıfatları reddedenler şöyle der: "Sizler, 'Kur"an mahlûk değildir' dediğinizde ve şanı yüce Allah'ın ilim, kudret ve irade sahibi olduğunu söylediğinizde, tecsimde bulunmuş olursunuz. Çünkü akli delil bu iddiaların tecsime delalet ettiğini ortaya koymaktadır ve bu anlamlar kendi kendilerine var olamazlar. Bunlara ister sıfat, ister araz, isterse başka isimler veriniz, ancak kendilerinden başkasıyla var olabilirler. Bizler ise mananın cisim ile ayakta durabileceğini ancak aklen kavrayabiliriz. Cisimsiz bir mananın var olduğunu kabul etmek akla uygun değildir."

Eğer bunların varlığını kabul eden kimse, "Aksine bu manaların cisim olmadan da var olmaları mümkündür; nitekim bize göre de size göre de cisim olmayan, ve kâdir olan bir varlığı kabul etmemiz olanaklıdır" deseler, ispat edenler devamla; "Rıza, gazab,yüz, El, istiva, gelmek ve diğer bütün sıfatları ve bunların cisimsiz olarak var olabileceklerini kabul ediniz" derler.

Eğer, "Rıza ve gazabın ancak bir kalp ile var olabileceğini kalbinde cisim olduğunu"' söyleseler ve "Biz aklen yüz ve eli ancak cismin bir parçası olarak kabul edebiliriz"' deseler, onlara şöyle denir: Bizler cisim ile var olmayan bir ilmi, cisim ile var olmayan bir kudreti, cisim ile var olmayan işitmeyi, görmeyi ve kelâmı aklen kabul edemeyiz. O halde sizler birbirlerine benzeyen şeyleri niçin ayrı değerlendiriyorsunuz ve neden bunların cisimsiz olarak var olabileceklerinin mümkün olduğunu, buna karşılık ötekilerin ancak cisimle var olabileceklerini kabul edebiliyorsunuz? Hâlbuki akıl bakımından her ikisi arasında herhangi bir fark yoktur."

Onlar, "'İntikam almak arzusuyla kalbin kanının kaynamasına gazap denir. Burun, dudaklar, dil, yanak ve benzeri şeylerden meydana gelmiş kısma da yüz denir" derlerse onlara şöyle cevap verilir. Eğer sizler kulun gazabını ve yüzünü kastediyorsanız, buna uygun olarak size şöyle deriz: Aklen görmek ancak gözle, işitmek ancak kulakla, konuşmak dudak ve dille mümkün olur. İrade ise ancak bir yarar sağlamak ya da bir zararı önlemek içindir. Hâlbuki siz Cenab-ı Rabbü'l-Alemin'e işitmeyi, görmeyi, kelâmı ve iradeyi nisbet ediyor ve bunları kulun benzeri sıfatlarından farklı değerlendiriyorsunuz. Sizin nisbet ettiğiniz bu sıfatlar eğer kulun sıfatlarının benzeri ise o takdirde bütün bunlarda da temsile kaçmanız gerekir. Sizler bu sıfatları kabul ederken şanı yüce Allah'a celaline yakışan ve mahlûkatın sıfatlarına benzemeyen bir şekilde "yüz"ü nispet ediyorsanız, o halde bütün sıfatları da O'na bu sınırları belirli olan şekilde nispet ediniz. Çünkü sıfatlar arasında fark yoktur ve sizin, reddetmiş olduğunuz sıfatlar hakkında kabul etmiş olduğunuz sıfatların benzerini düşünmeniz gerekmektedir. Ya hepsini işlevsiz kılacaksınız -ki bu imkânsızdır- ya da O'nu mahlûkata benzeteceksiniz ve O'nu, O'na has şekliyle tasdik ederek, başkasının bu konuda O'na benzemediğini kabul edeceksiniz. Bu durumda sıfatlar arasında herhangi bir fark kalmayacaktır. Teşbih ve tecsimden kaçmak maksadıyla sıfatların kimisini kabul ve kimisini reddederek sıfatlar arasında fark gözetmek, birbirine benzeyen şeyler arasında fark gözetmek gibi bir içerik taşıyan batıl bir sözdür ve bu iki iddia arasında çelişki vardır.

Dese ki: "Akli delil onların bir kısmının varlığına delalet ederken bir kısmının varlığına delalet etmemektedir. Örneğin; akıl ilim ve iradeye delalet etmekte, ancak rıza, gazap ve benzerlerine delalet etmemektedir."

Buna çeşitli şekillerde cevap verilebilir:

Birincisi: Delilin olmayışı kendisi için delil getirilenin (medlulün aleyh) olmayışını gerektirmez. Farzedin ki, bu sıfatların hiç birisi aklen bilinemiyor ve aynı şekilde aklen de naklen (sem'an) de onun reddedileceği bilinemiyor. Bu takdirde onun reddi caiz olamaz. Aksine onun varlığının delili bulunursa, varlığının kabul edilmesi gerekir, değilse bu konuda karar verilemez.

İkincisi: Onun sevmesine ve buğzuna aklen delil getirmek mümkündür. Hikmetine, rahmetine ve benzeri diğer sıfatlarına da öyle... Tıpkı iradesine delil getirildiği gibi. Nitekim biz bunu başka yerlerde açıklamış bulunuyoruz.

Üçüncü olarak şöyle denir: Sem' (yani nakil) buna delalet etmemektedir. Akılsa bunu reddetmiyor. O halde itirazdan uzak delil ile amel etmek gerekir. Tekrar ortaya çıkıp, "Hayır, akıl bunu kabul etmiyor. Çünkü bu sıfatlar tecsimi gerektirir, akıl ise tecsimi kabul etmiyor" dese, ona şöyle denir: "Senin kabul etmediğin bu sıfatlar ile ilgili sözlerin, kabul ettiğin sıfatlar konusundaki sözler gibidir. Eğer bunlar tecsimi gerektiriyorsa, diğerleri de öyledir. Tecsimi gerektirmiyorsa bunlar da aynı şekildedir. "Bu iki tür sıfat arasında, onların kimisi teşbih veya tecsimi gerektirip diğerleri gerektirmez" şeklindeki bir iddia, birbirinin benzeri olan şeyleri ayrı değerlendirmek ve zıt görüşleri bir arada kabul etmek demektir. Çünkü birisi için kabul etmediğini, öbürü için kabul ediyor; birisinde kabul ettiğini de öbüründe reddediyor. Böylelikle o, çelişik iki şeyi bir arada kabul etmiş oluyor.

Bu bakımdan muhakkikler şöyle demiştir: Kitap ve Sünnet ile sabit olmuş bulunan isim ve sıfatlardan herhangi bir şeyi reddeden herkes, kaçınılmaz olarak çelişki içerisindedir.

Çünkü onun reddettiği şeylerdeki reddin delili, bizzat ispat konusunda söylenen şeylerin aynısıdır. Eğer nefiy konusunda aklın delili sahih ise hepsinin nefyedilmesi gerekir. Değilse bunların hiç birisinin reddedilmesi gerekmez. Bir şeyi kabul ederken onun benzerinin reddetmesi batıl bir çelişkidir.

Eğer Mutezile'ye mensup kimse, "Sıfatlar tecsime delalet eder, çünkü sıfatlar ancak cisimle ayakta durabilen arazlardır. Bu bakımdan ben isimler bir yana, sıfatlarla ilgili nassları te'vil ettim" derse, ona şöyle denir: Sen aynı şeyi isimlerde de yapmak zorundasın. Çünkü senin hayat, ilim ve kudreti bulunan bir kimsenin ancak cisim olabileceğine dair getirdiğin aynı delili, senin hasmın, kâdir ve hayy olanın da ancak cisim olacağına dair delil olarak getirmektedir ve sana şöyle denilir: Senin hayy, ve kâdir olan birisini kabul etmen, ya tecsimi gerektirir, ya da gerektirmez. Eğer gerektiriyorsa senin de cismi kabul etmen gerekir. O takdirde her iki durumda da rü'yetin sınırlı olması sözkonusu değildir. Eğer gerektirmezse şöyle denilebilir: İlim, kudret ve iradenin kabul edilmesi, tecsimi gerektirmez. Bu konu gerektirmiyorsa o da ötekini gerektirmez. Şayet bu bunu gerektiriyorsa, o da bunu gerektirir. Çünkü aralarında hiçbir fark yoktur. Bunları farklı görürseniz, bu apaçık bir çelişki olur.

Cehmiye'den, Karmatîlerden ve felsefecilerden bu konuda onlara muvafakat eden kimse, "Ben hem isimleri, hem de sıfatları reddediyorum" dese, şöyle cevap verilir: Senin için bütün isimleri reddetmek imkânsızdır. Çünkü varlığını kabul ettiğin şeyi ya kalbin işaretiyle ya da dilin ifadesiyle belirtmen kaçınılmaz bir şeydir. Farzedelim ki, dilinle konuşmuyorsun. O takdirde sen kalbinle mevcut, vacip ve kadim bir varlık kabul edecek, ya da etmeyeceksin. Varlığı kabul etmeyecek olursan, o takdirde varlık, var edici, vacip ve kadim birisi olmaksızın meydana gelmiş olacaktır. Bu durumda bütün mevcudat muhdes ve mümkün varlıklar olacaktır. Zorunlu olarak bilinen gerçek şu ki; muhdes (sonradan var edilmiş) ve mümkün olan varlıklar ancak kadim ve vacip birisi tarafından var edilebilmiştir. O halde senin bu inkârın bile onun varlığını kabul etmeyi gerektiriyor. Diğer taraftan bu hiçbir akıl sahibinin söyleyemeyeceği türden bir küfür ve apaçık bir işlevsiz kılmadır.

"Ben, bu konu üzerinde düşünmeyi ve dilimle ondan söz etmeyi aklıma getirmiyorum" dersen, sana şöyle denilir: Kalbinin bilgiden, dilinin de söylemekten yüz çevirmesi hakikatlerin tersyüz edilmesini ve varlıkların yok olmasını gerektirmez. Çünkü yapısı itibariyle hak, var olan ve gerçek olan bir şey, bilsen de bilmesen de böyledir. Hatırlasan da unutsan da o değişmez. Senin bu durumun ise sadece Allah'ı bilmemeyi ve O'nu zikretmekten gafil olmayı, O'ndan yüz çevirerek inkâr etmeyi gerektirir. Aynı şekilde özü itibariyle hak olmamasını, var olmamasını, özel isimlere ve yüce sıfatlara sahip olmamasını asla gerektirmez.

Hiç şüphesiz ki, bu durumun Karmatilerin (Bâtıniler) ve Dehrilerin (Muattıla) ulaşabileceği son inkâr noktasıdır. Onlar bilgisizliğin karanlığında ve küfrün sapıklığında kalır. Allah'ı tanımaz, O'nu hatırlamazlar. O'nun varlığını, isimlerini, sıfatlarını reddetmek için ellerinde hiçbir delil yoktur. Çünkü böyle bir husus kesin inkâr ve reddir. Ancak onlar bunu kesinlikle söyleyemezler ve nefyetmek için de ellerinde bir delilleri bulunmaz. Allah'ın isimlerinden ve ayetlerinden yüzçevirdikleri için O'nu bilmeyen cahiller, O'nu inkâr edenlerin, zikrinden gafil olanların durumuna düşmüşlerdir.

Kalpleri O'nu bilmekten, sevmekten ve ibadet etmekten gafil ve ölüdür.

Hem diğer taraftan bunu teşbih ve tecsime düşmemek iddiasıyla yapacak olursalar, onlara şöyle deriz: Tehlikesinden kaçtığınız şey, kendisine sığındığınız şeyden daha kötüdür. Çünkü Sani'i herhangi bir şekilde kabul etmek, O'nu reddetmekten daha iyidir. Hem şu gördüğümüz âlem, sema ve arz gibi varlıklar kadim ve kendi zatıyla vacip iseler, sizler görülen şu cisimleri kadim ve kendi zatıyla vacip kabul etmiş olacaksınız. Bu ise, kendisinden kaçtığınızdan daha kötüdür. Şayet kadim ve kendi zatlarıyla vacip değilseler, onlar için kadim ve kendi zatıyla vacip bir Sani'in bulunması gerekir. O takdirde onun tanınması, bilinmesi açıklık kazanır. Rabbin varlığını kalp ve dille kabul etmek, naklen ve aklen kesin bir gerçek olarak ortaya çıkar. Eğer bu durum sizin teşbih ve temsil adını vermiş olduğunuz durumu gerektiriyorsa, size şunu söyleyelim ki, hakkın gerektirdiği şey de haktır. Şayet gerektirmiyorsa, o zaman sizler bu tür iddiaları söylemeden de bunu kabul etmek imkânına sahipsiniz demektir. Bu şekilde isim ve sıfatları kabul etmeyenlerin çelişkileri ve delillerin nasıl onların aleyhinde olduğu ortaya çıkmış olur. Aynı şekilde birtakım sıfatları kabul ederken, diğer bir kısmını reddedenlerin de nasıl bir çelişki içerisinde oldukları belirmiş oluyor.

Reddedenler, "Bizim sıfatları reddedişimizin sebebi, âlemin hadis olduğuna ve Sani'in ispatına dair delilimizin, aynı zamanda bu sıfatları reddetmeye de delil olmasıdır. Bizler Sani'i, âlemin hudusundan hareketle kabul ettik, cisimlerin hadis olmasını da araz diye bilinen sıfatların hadis olması dolayısıyla kabul ediyoruz" deseler, ya da aynı şekilde, "Bizler onların huduslarını hareket olarak bilinen fillerin hudusuyla bildik. Çünkü hareketi kabul eden hiçbir şey hareketten uzak olamaz. Hâdislerden uzak olamayan ise hâdistir. Gelmeye, gitmeye ve nüzule kâbiliyeti olan bir şey, hareket ile nitelenir demektir. Hareket ile nitelendirilebilen bir şey ise, ya hareketten, ya da onun zıddı olan sükûndan uzak kalmaz. Hâdislerden uzak kalamayan bir şey de hâdistir. Cisimlerin hâdis olması sabit olduğuna göre deriz ki, ihdas edilenin mutlaka bir ihdas edicisinin bilinmesi gerekir. Biz de Sani'i böylelikle kabul ettik. Eğer O'nu, sıfatları ya da onunla kaim olan fiilleriyle niteleyecek olursak, o zaman fiil ve sıfatların kadim ile kaim olması caiz olur. Bu takdirde de bunlar cisimlerin hâdis olduğunun delili olamaz. O zaman da Sani'i ispatın delili de geçersiz olur, derlerse onlara şöyle cevap verilir: Bu itirazı çeşitli şekillerde cevaplandırmak mümkündür:

Birincisi: Bu belirli delilin batıl olması, bütün delillerin batıl olmasını gerektirmez. Sani'i ispatın pek çok yolları vardır. Bunların ayrıntılarını sınırlandırmak mümkün değildir. Ancak özünü ve ana hatlarını belirleme imkânı vardır.

İkincisi: Bu delili ne sahabeden, ne tâbiinden, ne de müslümanların imamlarından hiçbir kimse kullanmış değildir. Eğer Aziz ve Celil olan Rabbin bilinmesi ve O'na iman edilmesi bu delile bağlı olan bir şey olsaydı, o zaman onların Allah'ı bilmeyen ve O'na iman etmeyen kimseler olmaları gerekirdi. Bu ise bütün müslümanların ittifakı ile küfrün en ileri noktasıdır.

Üçüncüsü: Peygamberler ve resuller hiçbir kimseye bu yolu izlemeyi tavsiye etmemişlerdir. Eğer marifet bunu bilmeye bağlı ve bu da gerekli bir şey olsaydı, bunları bilmek de elbette gerekli, yani vacip olurdu. Müstehap olsaydı, Allah Resulü -sallallâhu aleyhi vesellem- mutlaka bunu teşri' ederdi. Eğer bu teşri' edilmiş bir şey olsaydı, şüphesiz sahabe tarafından bize nakledilirdi.

Çeşitli Taifelerin İddiaları ve Bilgi Kaynakları Konusunda Özet:

Sıfat ve tevhid ile ilgili konuda nefiy, özetle felsefecilerin, Mutezile'nin ve onlardan başka Cehmiye'ye mensup kimselerin sözüdür. Felsefecilerle Mutezile arasında ise çeşitli fırkalar yer alır. Aynı şekilde Bağdatlılar ve Basralılar arasında da işitme ve görme sıfatlarını açıklamak bakımından farklılıklar vardır: Bu bir bilgi midir, yoksa bilginin dışına bir idrak mi diye irade konusunda da buna benzer ihtilaflar vardır.

Selef bu tür mezhebe "Cehm'in görüşleri" adını verir. Çünkü İslâm'da bu gibi şeyleri ilk olarak açıkça ortaya koyan odur. Başka bir yerde onun bu konudaki görüşlerini açıklamış buluyorum. Bu görüşler felsefeci Sabiilerin, Brahmanist müşriklerin ve sihirbaz Yahudilerin görüşlerinden alınmadır.

İspat (yani sıfat ve tevhidin kabul edilmesi) ise genel olarak Küllabiyye, Eş'ariye, Kerramiye, hadisçi sufi ve Hanbelîlerin çoğunluğu, Şafii ve Malikilerin bazı istisna dışında büyük çoğunluğu, Hanbelilerden pek çok kimsenin görüşüdür. Selefiye'nin görüşü de odur. Fakat ispatta teşbih noktasına kadar ileri gitmek, aşırı Rafızîlerin iddiaları ve cahil hadis ehli ile birtakım sapıkların görüşleridir. Diğer taraftan Cehmiye'nin nefyi ile Müşebbihe'nin ispatı arasında farklar vardır.

Eş'ari, Bakillani ve onların ilk dönemlerdeki âlimleri Sıfat-ı Kur'aniye'yi kabul eder, bir kısmı bazısını kabul eder. Diğer bir bakımdan onlarda bir parça Cehmilik de vardır. Çünkü Eş'ari Mutezilenin, biri Cübbai'nin görüşlerini almış ve hem Eş'ari mezhebine mensup olanlar, hem de başkaları kelamda onun Cübbai'ye mensup olduğu konusu üzerinde ittifak etmişlerdir. İbnu'l-Bakillani ise Eş'ari'den sonra en çok ispat (sıfatları kabul) eden kimsedir. "el-İbane'" adlı eserinde bunu görüyoruz. İbnu'l-Bakıllani'den sonra ise İbn Furek gelir. O Kur'an'daki bazı sıfatları kabul etmiştir.

Cüveyni ve onun izinden gidenlere gelince; bunlar Mutezile mezhebine meyletmişlerdir. Çünkü Ebu'l-Meali el-Cüveyni, Ebu Haşim'in kitaplarını çokça okuyan ve rivayet bilgisi az bir kimse idi. Bu her iki durum da onu olumsuz yönde etkilemiş bulunuyor.

Kuşeyri, İbn Furek'in öğrencisidir. O bakımdan Eş'ari mezhebi o zamandan itibaren nisbeten katılaşıp sertleşerek -kendisi ile Hanbelî mezhebine mensup kimseler arasında daha önce birbirleriyle ülfet veya barış bulunmakla birlikte- bir çeşit nefretleşme ortaya çıktı.

Hanbelîlere gelince; Ebu Abdullah b. Hamid sıfat ve isimleri ispatta güçlü, bu konuda gayet ciddi, haberi sıfatlar ile ilgili meseleleri çok iyi bilen, kavrayan bir kimse idi. Arkadaşı Kadı Ebu Yâla da onun yolunu izlemiş olmasına rağmen bu konuda ondan daha yumuşaktır ve sıfatların ispatı konusunda aşırı değildir,

Ebu Abdullah b. Batta'nın izlediği yol ise katıksız olarak muhaddislerin yoludur. Bu bakımdan "Şeriat" de Ebu Bekir el-Acuri ile "Sünen"de Lalekai'nin izledikleri yola benzer bir yol izlemiştir. Hallal da onun gibi ve ona yakın bir kimsedir. Şeyh Ebu Muhammed ile muhaddislerin müteahhirleri de onun yoluna meylederler.

Ebu'l-Hasen İbn Ebi'l-Fadl ve İbn Rızkullah gibi "Temimiler"e gelince; bunlar nisbeten ispattan uzak ve kendilerinden başkalarına muvafakat etmeye ve onlara karşı yumuşak davranmaya yakın kimselerdir. Bu bakımdan sufiler onların izinden gider. Eş'arilerin Bakıllani ve Beyhaki gibi faziletli âlimleri de onlara meylederler. Ebu'l-Fadl'ın yazmış olduğu "Akidem Ahmed" adlı akide Beyhaki'nin esas aldığı akide metnidir. Bununla birlikte bu topluluk Sünnet üzere yürüyen bir topluluktur.

İbn Akil'e gelince; inhiraf ettiği noktalarda, sözlerinde, sıfat ve kader ile ilgili konularda, evliyanın kerametleri ile ilgili bahislerde oldukça güçlü bir şekilde Mutezili görüşlerin etkileri görülür. O kadar ki, bu konularda Eş'arilerin görüşleri onlardan daha güzel ve sünnete daha yakındır.

Aslında İmam Eş'ari hadis ehlinin görüşlerinden başkasına bağlı bir kimse değildi, ona göre imamları Ahmed b. Hanbel'dir. Ebu Bekir Abdülaziz ve başkaları "Münazarat"ında onun hadis ehlinin kelâmcılarından olmasını gerektiren ve kendisini onlardan pek farklı bir noktada bulundurmayan görüşler zikretmiştir. Zaten bunlar önceleri birbirlerine yakın idiler. Şu kadar var ki, kendilerinin söylediklerinin bir parça dışına çıkanlara karşı gösterdikleri bazı tepkileri de yersiz ve olumsuz görülebilir. Çünkü bu noktada bir dereceye kadar bid'at vardır. Bununla birlikte o söyledikleri, aslı itibariyle katıksız bir şekilde sünnet üzere değildir. Aksine o, bilinen şekliyle kusurlu bir kimsedir.

Eş'ariler, sünnetten kabul ettikleri sıfatlarda Hanbelilerin bir kolu durumundadırlar. Nitekim Hanbelîler arasında kelâm ile uğraşan ve akli kıyası kabul edip delil olarak gösterdikleri konularda da Eşariye'nin bir kolu durumundadırlar. Aralarındaki ayrılık, "Kuşeyri Fitnesi" dolayısıyla meydana gelmiştir.

Şüphesiz Horasanlı Eş'ariler, ta'tile doğru sapmışlar, Hanbelîlerin büyük çoğunluğu da sıfatların ispatına aslı olmayan şeyler ilave etmişlerdir.

Kadı Ebu Yâla "İbtalu't-Te'vil" adlı eserinde Kuşeyri'nin hocası İbn Furek'in görüşlerini reddetmiştir. Halife ve başkaları ona meyletmekte idiler. Kuşeyrilerin Selçuklular dolayısıyla güçlerı artınca, bu fitne ortaya çıkmış oldu. Bu fitnede (Kadı Ebu Yâla'ya mensup) Ferrariye -bir tür batıl olmakla birlikte- daha haklı idi. Kuşeyriye ise çoğunlukla batıl olmakla birlikte bir dereceye kadar haklı idi.

İbn Akil'e gelince; ikisi de Mutezile'den olan hocaları Ebu Ali b. el-Velid ve Ebu'l-Kasım b. et-Tübban (Tebban) dolayısı ile sözleri arasında çokça Mutezili görüşlere rastlanır. Bu bakımdan onun "İsbatu't-Tenzil" adlı eseri ile başkalarında Mureysi ve benzerlerinin sözlerine yakın sözleri vardır. Fakat sıfatların ispatı konusunda çoğunlukla güzel sözleri bulunmaktadır. "el-İrşad" adlı eserinde de bu görüşler üzerine karar kılmıştır. Bununla birlikte bazen ispat konusunda ileri gittiği de görülür. Fakat buna rağmen sıfat ite ilgili görüşleri eski Eş'arilerin ve Küllabiye'nin görüşlerine oldukça yakındır. Özellikle, Kur'an'ın ve mütevatir haberlerin delalet ettiğini kabul, bunun dışındakileri de te'vil eder. Bu bakımdan bir takım Hanbelîler şöyle demektedir: "Ben İbn Akil'in ta'tili ile İbn Hamid'in teşbihi arasında orta görüşleri kabul ediyorum."

Gazzali'nin sözünde çok büyük oranda felsefi malzeme bulunmaktadır. Bu da İbn Sina'nın "eş-Şifa" adlı eseri ile İhvanu's-Safa'nın "Risaleler"i, Ebu Hayyan et-Tevhidi'nin görüşleri ve başkalarının sözlerinin etkisi dolayısıyladır.

Onun sözleri arasında Mutezili görüşler ise yok denecek kadar azdır. Tıpkı İbn Akil'in sözlerinde felsefi görüşlerin çok az ya da yok denecek kadar az görülebildiği gibi, onun "el-İhya" adlı eserinde söyledikleri çoğunlukla güzeldir. Ancak fasit birtakım malzemeler de bulunmaktadır: Felsefi ve kelâmı malzeme ile sufilerin bir takım saçmalıkları ve uydurma hadisler bunlar arasındadır.

Sıfatlarla ilgili söyledikleri sözlerin çelişkili olması bakımından kendisi ile İbn Akil arasında benzer taraflar vardır. Çünkü onun, sıfatların herhangi birisiyle ilgili söylenen sözleri bir yerde tekfir ederken, bir başkasında da desteklediği görülmektedir. O, belirli bir grubun izlediği yola uygun yazdığı zaman çoğunlukla o grubun görüşü etkisi altında kalır.

İbnu'l-Hatib ise çoğu zaman büyük tutarsızlıklar içinde bulunan birisidir. Belirli bir konu üzerinde istikrarı yoktur. Bütün yaptığı bahis ve cedeldir. Bu bahis ve cedelleri ise bir şeyin peşinden gittiği halde, bir türlü istediğine ulaşamayan kişinin durumuna benzer. Ebu Hamid (el-Gazzali) ise böyle değildir, o çoğunlukla istikrarlıdır.

Eş'ariye ise "Esma ve Ahkâm" konularında çoğunlukla Mürcie'nin "kader" konusunda ise Cebriye'nin etkisi altındadır. Sıfat ile ilgili görüşlerinde ise katıksız Cehmiye olmamakla birlikte, onlarda bir çeşit Cehmilik görmek mümkündür. Mutezile "Esma ve Ahkâm" konularında vaidi;"kader" konusunda ise katıksız Cehmidirler. Şia'nın müteahhir olanları bu konuda onların peşinden gitmiş ve onlardan ayrı olarak imamet ve ta'til görüşlerini ortaya koymuş, vaid konusunda onlara muhalefet etmiştir. Aynı şekilde onlar imamlara karşı isyanı da uygun görürler.

Eş'arilere gelince; onlar Ehl-i hadis'e uygun olarak kılıç kullanılabilme görüşünde değildirler. Genel olarak onlar, bütün kelâmcılar arasında Ehl-i Sünnet ve hadis mezhebine en yakın olanlardır.

Küllabiye ve aynı şekilde Kerramiye'de de Sünnet ve hadis ehline yakınlık tespit edilebilir. Her ne kadar onların sözleri arasında Sünnet ve hadis ehlinin görüşlerine muhalif olan bazı görüşler varsa da bu böyledir.

Salimiye'ye gelince; özel bazı yerler dışında onlar Hanbelîlerle aynı görüştedirler. Onlarda bir miktar tasavvufi görüşler vardır. Aynı şekilde usulde Hanbelîlik adını almayı ve başka şeyleri de ortaya koymuştur. Usul ile ilgili konularda ancak Kitap ve Sünnet'te geçen isimlerin kullanılması gerektiği görüşündedir. Onun izlediği bu yol güzel bir yoldur. Fakat bu konularda içtihat yapılabilir. Usulle ilgili teferruattaki pek çok meselede ittifak etmiş bir grup bile bulunamaz. Çünkü böyle olsaydı, sahabe ve tabiinden olan bir kısım selefin, bunlar üzerinde anlaşmazlığa düşmemesi gerekirdi. Bazen bir şeyi bir durumda reddederken, başka zaman reddetmiyor. Bir kişi için kabul etmezken bir başkası için kabul edebiliyor.

Bunun aslı benim başka yerde zikretmiş olduğum hususlardır: Bazen haberî meseleler, amelî meseleler ayarında olabilir. Her ne kadar bunlara "Usul Meseleleri", diğerlerine ise "Furu' Meseleleri" adı verilmiş ise de bu, sonradan oluşturulmuş bir adlandırma olup, fukaha ve kelâmcılardan bir grup kimsenin yaptıkları bir taksimdir. Bu ayırım, kelâmcı ve usulcülerde özellikle birtakım görüşlerin doğru, diğer görüşlerin de yanlış olduğundan söz ettikleri zaman daha çok görülür.

Muhakkik fakihlerin ve sufilerin çoğunluğunun görüşüne göre ameller, haklarında anlaşmazlığa düşürülmüş kavli meselelerden daha önemli ve daha te'kitlidir. Çünkü fukahanın söyledikleri genelde bunlarla ilgilidir. Onlar çoğunlukla amel ile ilgili olmayan hiçbir meselenin konuşulmasından hoşlanmazlar. İmam Malik ve onun dışındaki Medineli âlimlerin söyledikleri de buna benzer. Aksine bu konuda hak şudur: Her iki grupta da yüce ve değerli olan meseleler "Usul Meseleleri", teferruata dair incelikli konular ise "Füru' Meselelerindir.

İslâm'ın üzerinde yükseldiği beş esasta olduğu gibi, vacipleri (farzları) vacip bilmek, apaçık ve mütevatir haramları haram kabul etmek, yüce Allah'ın her şeye kadir olduğunu, her şeyi bildiğini, her şeyi işitip gördüğünü, Kur'an'ın Allah'ın kelâmı olduğunu ve buna benzer pek çok zahir ve mütevatir haberleri bilmeye benzer. Bunları inkâr etmek küfür olduğu gibi, üzerlerinde icma edilmiş bu ameli hükümleri inkâr eden kimse de kâfirdir.

Bazen amelî hükümleri kabul etmek, kavli meseleleri kabul etmekten daha kuvvetli bir vacip olabilir. Hatta çoğunlukla durum böyledir. Çünkü kavli meselelerde icmali olarak bir ikrar yeterlidir. Bu da Allah'a (c.c) meleklerine, kitaplarına, resullerine, öldükten sonra tekrar dirilmeye iman etmek, hayrıyla, şerriyle kadere iman etmek şeklinde özetlenebilir.

Vacip amellere gelince; bunların bütün teferruatıyla bilinmesi kaçınılmazdır. Çünkü onların gereğince amel edebilmek, ancak onları teferruatlı olarak bilmekle mümkün olabilir. Bu bakımdan ümmet kayıtsız şartsız ameli meseleleri farklı bir şekilde inceleyenleri kabul eder ki, bunlar fakihlerdir. Bununla birlikte icmali-kavli konularda teferruata varan noktalarda söz söyleyenleri eleştirebilmişlerdir. Çünkü vacip amellerin teferruatlı bir şekilde ele alınması gerekliyken, toplu olarak kendilerine iman edilmesi gereken toplu ifadelerin teferruatına inilmesine ihtiyaç bulunmamaktadır.

"Fer'i meseleler bazen kavli meseleler derecesinde olabilir" sözümüz birtakım gerçekleri kapsamaktadır. Bunların da kat'i ve zanni olmak üzere ikiye ayrıldığı söylenebilir.

Yine isabet eden kimse tek bir kişi olsa bile hata eden kimse af da edilebilir, günahkâr veya fasık da olabilir. Bu konuda hata eden bir kimse, bazen ameli konularda hata eden kimse gibi de olabilir. Fakat bunun böyle olması, fer'i meselelerin çok olması ve bunların dallandırılıp budaklandırılmasına ihtiyaç bulunması dolayısıyladır. Kalpler bu konuda anlaşmazlığın meydana gelmesinden, ihtilafın ortaya çıkmasından yana rahat olmakla birlikte, kavli meselelerde durum böyle değildir. Çünkü bu meselelerde ihtilaf öyle kötüdür ki, buna ancak ondan daha şiddetlisinin önüne geçebilmek için tahammül edilebilir.

Amellerin dallandırılıp budaklandırılması bir ihtiyaç olduğundan, bu dal ve budaklar çok olduğundan anlaşmazlıkların ortaya çıkması da kaçınılmaz olmuş, kalpler bu konudaki anlaşmazlıklardan rahatsız olmamıştır. Haberi durumlar ise böyle değildir. Onlar üzerinde toplu olarak ittifak edilmiştir. Eğer bu haberi konular hiçbir ihtilaf olmaksızın dallandırılıp budaklandırılacak olursa, elbette ki, bu güzel bir şey olur. Bunların tafsilatında anlaşmazlık meydana gelecek olursa, durum farklıdır ve hiçbir ihtiyaç yokken böyle bir durumun oluşması kötüdür.

Bu bakımdan heva sahipleri ile anlaşmazlık içinde olanlar kötülenmiş, bu konularda tartışıp birbirlerine düşmanlık edenler yerilmiştir. Çünkü bu hiçbir ihtiyaç olmaksızın bir şer ve bir fesattır. Ancak durumun böyle olması bunların ayrıntısının ve bütün incelikli konularının bilinmesine engel değildir.

Bu konuda söylenecek sözler ilme dayalı, mefsedetten uzak ve tekfir şartları gerçekleşmediği sürece hata eden herkesi tekfir etmeyi gerektirmeyecek türden olmalıdır. Aksi takdirde yemin ederim ki, bu tür ihtilaf gerçek bir çelişkidir.

Diğer ihtilaf şekillerinin işleri ise çeşitlilikte itibari ve lâfzî konulardaki ihtilafta olduğu gibi kolaydır ve bunlar sayıca çoktur. Haberî meselelerdeki ihtilafların çoğu da bu türdendir.

Sufi ve âbidlere hatta halkın çoğuna göre itibar edilen husus, salih amellerin yapılması veya terkedilmesidir. Bu salih ameller bulunduğu takdirde, o kişi onların arasına girmiş olur. İsterse birtakım haberî meselelerde hata etmiş olsun.

Değilse bu haberi meselelerde isabet etmiş olsa bile aralarına katılamaz. Hatta, onlar bu gibi meseleleri göz önünde bulundurmak istemezler.

Bununla ilgili konulardan birisi de şudur: İlim ve haberî meseleler, bazen itikat edilmesi gerekli türden olabilir. Bir durumda gerekirken başka bir durumda gerekmeyebilir; bir kesim için itikadı gerekli olurken bir başka kesim için gerekli olmayabilir. Vacip değil de müstehab da olabilir, bir kesim için ve bir durumda müstahab iken başka bir kesim ve başka bir durumda müstehab olmayabilir.

Bazı kimseler için bunların bilinmesi zararlı olduğundan bu insanlara bunların bilinmesi caiz de olmayabilir. Nitekim Ali -radıyallâhu anh- şöyle demiştir:

"İnsanlara bildikleri şeylerden söz ediniz, kabul edemeyecekleri şeyleri bırakınız. Sizler Allah'ın ve resulünün yalanlanmasını ister misiniz?[141]

İbn Mes'ud -radıyallâhu anh- da şöyle der: "Bir kimse bir topluluğa akıllarının erişemeyeceği şeyler anlatacak olursa, mutlaka onların bazısını fitneye düşürür.'"

Aynı şekilde İbn Abbas -radıyallâhu anh- yüce Allah'ın, "Allah O'dur ki yedi göğü yaratmıştır" ayetini soran kimseye şu cevabı vermiştir: "Ben sana bu ayetin tefsirini bildirecek olursam inkâra sapmayacağından emin misin? Senin bunu inkârın onu yalanlamandır."

Yine aynı şekilde kendisine, "Melekler ve ruh ona, süresi elli bin yıl olan bir günde yükselirler" ayeti ile ilgili soru soran kimseye de şu cevabı vermiştir: "Bu Allah'ın bildirdiği bir gündür. Onu en iyi bilen O'dur."

Seleften benzeri rivayetler pek çoktur. Bu gibi meseleleri bilmek bazen faydalı ise de bazı kimseler için zararlı olabilir.

Eşyanın Varlığı

Bilindiği gibi eşyanın dış dünyada (âyanda) zihinlerde, dilde ve yazıdaki varlığı ayrıdır. Bunlara sırasıyla: Aynî, ilmî, lâfzî ve şeklî (resmi) varlık adı verilir.

Daha sonra kimisi öyle demiştir: Aynî ve ilmî varlık çağların, bölgelerin ve toplumların farklılığı ile farklılık göstermez. Ancak eşyanın lâfzî ve resmî (şekli) varlığı böyle değildir. Çün-

---

141 Buhari, İlim: 49.

kü diller, değişik toplumlarda farklı farklıdır. Arapça, Farsça, Rumca ve Türkçenin birbirinden değişik olması gibi...

Bu noktayı bazı kimseler "Yüce Allah'ın kelâmı"' konusunda ele alıp şöyle der: Allah'ın kelâmı, anlam bakımından harflerin değiştiği gibi- toplumların değişmesiyle değişmez. Nitekim Küllabiye ve Eş'ariye'nin de söylediği budur. Buna şunu da ilave ederler: Yüce Allah'ın kitaplarının farklı olması sadece lafızlarının farklı olmasından dolayıdır. Onun İbranice kelâmının adı "Tevrat", Arapça kelâmının adı da "Kur'an"dır. Nitekim onlar şunu da söylerler: "Anlam kadimdir ve bu mana emir, yasak ve haber olarak ortaya çıkar. Diller ise, bu anlamın arızi sıfatlarıdır. Yoksa onun türleri ve çeşitleri değildir.

Bazı kimseler bu sözleri kayıtsız şartsız bir şekilde Usul-ü Fıkhın dil ile ilgili meselelerinde zikrederken, bazıları da bunu "isim ve müsemma" (isimlendirilen) ile "Esma-i Hüsna"' meselesinde zikrederler.

Ben derim ki: Bu, üzerinde görüş birliğine ulaşılmamış bir sözdür ve yanlış yönleri vardır. Çünkü bazı dillerde bazı lafızların söylenişi ortak olabilir. Nitekim aynı isimler değişik dillerde bulunabiliyor.

Dillerin çoğunda olduğu gibi bazen değişiklik de olabilir. Fakat bu değişiklik çelişkiyi değil, çeşitliliği ortaya koyan bir değişikliktir. Aynı şeyin değişik iki isme sahip olması gibi...

Dillerin manalarında da durum böyledir. Toplumların bilmiş olduğu "aynı mana" ve her bir toplumun kendi diliyle ifadelendirdiği bu mana toplumlarca aynı türden olabilir ve Arapçada bir tek lafzın ihtilaf etmesi gibi farklılık göstermeyecek şekilde bulunabilir.

Bazen toplumlar arasında bu mananın tasavvuru çeşitli olabilir. Onların kimisi bunu bir sıfat ile bilip bu sıfatı nazar-ı itibara alarak anlatırken, bir başka toplum bir başka sıfat ile bilir ve bu sıfatı itibara alarak onu ifadelendirebilir. Şanı yüce Allah'ın isimlerinde O'nun resulünün isimlerinden Kitab'ında ve genel olarak bilinmesi üzerinde ittifak edilen eşyayı anlatan pek çok isimde durum böyledir. Tenkri, huda ve benzeri manalar böyledir. Allah'ın yüce isimlerinin her açıdan "Allah" adının anlamına mutabık olmaması gibi.

Bu nedenle Kur'an'ın Farsça, Türkçe ve başka dillere tercümesi üzerinde düşünüldüğü takdirde, manalar arasında bir çeşit farklılıkların bulunduğu görülür. Asıl itibarıyla ittifak ve uyum olmakla birlikte, bu böyledir. Nitekim her iki dilde ses itibariyle aralarında benzerlik bulunmakla birlikte, bu seslerin bir araya getirilip dizilişi farklıdır. Bazen bu diller arasındaki farklılık birbirine denk olan -ki bunlara müteradif ile mütebayin lafızlar arasında yer alan mütekâfi (denk) lafızlar adı verilir- arasındaki farktan daha büyük bir farklılık olabilir.

Her iki dil arasında, bu anlamın kapsamı, genelliği ve özelliği bakımından da farklılık bulunabilir. Hakikatinde, türünde farklı olduğu gibi, keyfiyetinde, niteliklerinde ve başka hususlarda da farklı olabilir.

Hatta aynı dili konuşan iki kişinin, anılan aynı isim karşısında düşünceleri değişik olur. Bir kimsenin o ismin hakikati, kemiyeti (sayısı), keyfiyeti ve buna benzer hususlara ilişkin düşüncesi öbüründen farklı olabilir. Tek isimle anlatılmak istenen anlam, bu ismi söyleyen kişilerde farklı anlama geldiğine, hatta aynı kişinin, değişik zamanlarda bu isimleri söylediğinde farklı şeyler düşündüğüne göre, nasıl olur da değişik dillerde bunun aynı olması gerektiği söylenebilir!

Bu gerçeği şöyle açıklayabiliriz: Aynı isim konusunda meleklerin bildikleri, insanların bildiklerinin aynısı değildir. Şanı yüce Allah'ın bildikleri ise meleklerin bilgilerinin sınırının üstündedir. Fakat buradaki farklılık bir çeşitlilik farklılığı olup, çelişki farklılığı değildir.

"İndirilmiş kitapların anlamları birdir" diyen kimsenin sözünün yanlış olduğu gayet açıktır. Mesela; bizler Kur'an'ın anlamlarını İbranice, Tevrat'ın anlamlarını da Arapça'ya dökecek olursak, birinin taşıdığı anlamın öbürünü tutmadığını göreceğiz. Zorunlu olarak biliniyor ki, kitapların manalarının çeşitliliği ve farklılığı, bir çeşitlilik ihtilafıdır ve bu çeşitlilik ihtilafı, bunların harflerinin ihtilafından daha büyüktür. Çünkü Arapça ile İbranice arasında da büyük farklılıklar vardır. Aynı şekilde Bakara suresinin anlamı, hiçbir zaman Âl-i İmran suresinin anlamı değildir.

Bundan daha ileri bir farklılık olmak üzere emrin haber anlamına (yerine) kullanılmasıdır. Bütün bu değişikliklerle birlikte bunların dillerin herhangi bir hakikatte birleşmeleri gibi herhangi bir hakikatte ortak olmaları mümkündür. Eğer, "değişikliklerine rağmen bunlar birdir" denilebiliyorsa, bütün dillerde bir olduğunu söylemek de bunun gibidir. Hatta, anlamlardaki farklılık daha da büyüktür.

Bunlardan (yani lafzi ve şekli varlıktan) birisinin hakiki bir sıfat, ötekinin ise vaz'i bir sıfat olduğu iddiasına gelince; durum bunda da böyle değildir. Bu, "isimler ve kelimeler" konusunda "usulü'd-din", "fıkh"' ve "dillerin tercümesi" konularında kendisinden yararlanılacak bir husustur.

Aynı şekilde dil bir, lafız da bir olunca, bu dildeki lafızları söyleyenlerin tümü aynı şekilde söyleyecekleri ve asla aralarında fark bulunmayacağı şekilde bir örf de cereyan etmiştir. Eğer istenilen şey bunların hepsiyle gerçekleşebilir yorsa, mana da aynı şekilde birdir, demektir. Çünkü diller farklılık gösterse bile, tercüme ile kastedilen asıl anlam, gerçekleşebilir. Anlamlar da böyledir. Çünkü tercüme hem lafızda, hem de anlamda olabilir. Bu bakımdan Müslümanların İbn-i Abbas'a -radıyallâhu anh- "Tercümanü'l-Kur'an" adını vermişlerdir. Hâlbuki o, sadece lafzı açıklıyordu...

Hakk'a Götüren Yol, Peygamberlerin Gösterdiği Yoldur:

Sünnet ehlinin, peygamberleri izleme şeklindeki yolu, Hakk'a ulaştıran yoldur. Onlara muhalefet eden felsefeci ve kelâmcıların yolu ise böyle değildir. Maksat, ilimdir. Bunun yolu ise delildir. Peygamberler mufassal ispat ve mücmel nefiy ile gelmişlerdir. Mesela, Allah'ın sıfatlarını geniş ve ayrıntılı bir şekilde ispat ederken, O'nun eşinin, denk ve benzerinin olduğunu da nefyetmişlerdir.

Felsefeciler ise mufassal nefiy ortaya koyarak, "Böyle değildir, şöyle değildir" derler. Sıra ispata gelince, genel ifadelerle bir varlığı ispat (kabul) ederler. "Sübutunun makamlarının ilki" konusunda şaşırıp kalmışlardır. Şöyle ki; O'nun varlığı, zatının aynı mıdır, yoksa varlığı zatının sıfatı veya arazı mıdır ve buna benzer zihni ve lâfzî pek çok anlaşmazlıklar da ortaya koymuşlardır.

Bilindiği gibi nefyin varlığı sözkonusu değildir. Sübut ve vücud bilinmedikçe, nefiy ve yokluk da bulunamaz. Hatta kelâmcılardan bir grup, bir şey olmaksızın yok olanın bilinmesini kabul etmemişlerdir. Çünkü onların iddialarına göre, ilmin mutlaka bir şeye taalluku kaçınılmazdır. Gerçek ise şudur: Yokluğun bilgisi, varlığın bilinmesi vasıtasıyla ortaya çıkar. Eğer bizler, "Allah'tan başka ilâh yoktur" gerçeğini bilecek olursak, var olan bir ilâhı düşünür ve Allah ile ilgili tasavvurumuzun dışında bütün ilâh tasavvurlarının olmadığını bilmiş oluruz.

Varlığını kabul etmediğimiz, reddettiğimiz başka şeylerin durumu da böyledir. Önce onu tasavvur etmemiz, sonra da nefyetmemiz kaçınılmazdır. Biz onu, var olan bir şeyi tasavvur etmeden de tasavvur etmek imkânına sahip değiliz. Ondan sonra ona benzeyen şeyleri tasavvur ederiz, ya da onun parçalarından meydana gelenleri. Cıvadan oluşmuş bir deniz, yakuttan bir dağ, birden çok ilâhlar ve benzerlerini tasavvur etmek gibi... Sonra da bu gibi şeyleri nefiy, yani reddederiz. Aksi takdirde olmayan bir şeyin düşünülmesi gerçeklere aykırıdır. Akıl tarafından ortaya konulması herhangi bir şekilde mümkün olmamak üzere mevcudat ile uyumlu bir şey değildir. Bu ister nazari, isterse de ameli bilgilerden olsun, değişen bir şey yoktur. Failin, yapacağı işi yapmadan önce tasavvur edebilmesi durumunda olduğu gibi...

Gerçekte bu, var edilmek için olmayan bir şeyin tasavvurudur; nitekim onun dışında kalan da mümkün bir '"yok" un veya varlığı imkânsız bir şeyin, ya da var olmayan bir şeyin düşünülmesidir. Fiilen yok olanla, fiilen yok olmayan, varlık maddesi bulunmaksızın varlık maddesi olmaksızın hiçbir şeyi meydana getiremez. Çünkü yoktan var etmek, ancak Rububiyet'in özelliklerindendir. Nasıl bitirir ve nasıl yapar konusu ise ayrı bir bölümdür.

Böylelikle şu gerçek açıklık kazanmış oluyor: Var olanı ve sıfatlarını bilmek asıldır. Mutlak ve mukayyet "yok"un bilinmesi ona bağlıdır ve onun bir alt bölümüdür. Aynı şekilde "yok"un bilinmesinin -bilene "var"ın bilgisinin tamamlanması ve bu "var"ı kendi nefsinde tam anlamıyla bilebilmesinin dışında- hiçbir faydası yoktur. Çünkü "hiçbir şey"i düşünceyle bilen kimse, herhangi bir kemal sıfatı elde edemez. Fakat sözgelimi "var"ın eksikliklerden uzak olduğunu bilmek, O'nun kemaline dair bir bilgidir.

Aynı şekilde O'nun ortaklarının bulunduğunun reddedilmesi yolundaki bilgi, kemalden olan vahdaniyetinin bilgisidir. Yapılmak istenen şeyin tasavvur edilebilmesi de fiilin var olması sonucuna götürür.

Benim ilim konusunda bu zikrettiklerimin benzeri, irade ve amel konusunda da söylenebilir. Çünkü irade, kendi nefsiyle var olana -ki o fiildir- ve aynı şekilde buna bağlı olarak terkin kendisi olan yokluğa yöneliktir. Böylece maksat olarak alınan mevcuttan fesat önlenebilmiş olur.

* * *